Köstliche Sommerzeit

Köstliche Sommerzeit

Inhalt

7	Vorwort
8	Frühsommerabend
16	Sommerliches aus aller Welt
24	Familienfest
34	Angrillen!
42	Fest im Schrebergarten
48	Menü für lange Sommerabende
56	Party auf dem Balkon
62	Aromatisches Sommerbuffet
72	Prickelndes in der Laube
80	Feiern Sie den Ferienbeginn!
90	Rosébuffet
98	Ein schwedischer Sommerabend
108	Russisches vom Grill
116	Lässiger Grillabend
124	Sommerdrinks mit Snacks
132	Gartenparty
140	Grillabend mit Freunden
148	Rustikales vom Grill
157	Register

Vorwort

WUNDERBARE SOMMERZEIT – welche Magie und Träume
stecken in diesen Worten? Das ganze Jahr über sehnen wir uns nach
dem zarten Grün, der Wärme und den lauen Abenden. Jetzt wollen wir
frei haben und so viel Zeit wie möglich draußen verbringen. Wir wollen
das herrliche Sommergefühl genießen und mit Familie, Verwandtschaft,
Nachbarn und Freunden gut essen. Wir wollen spüren, wie sich die
Düfte der Natur mit den Aromen aus der Küche oder vom Grill
vermischen.

Im Sommer macht es besonderen Spaß, zum Abendessen einzuladen
oder ein Fest zu organisieren – und die Wahlmöglichkeiten sind vielfältig.
In diesem Buch haben wir sommerliche Menüs für alle Gelegenheiten
zusammengestellt – vom lockeren Treffen mit Freunden, bei dem jeder
etwas zu essen mitbringt, bis zum großen Familienfest. Hier gibt
es Rezepte mit internationalen Einflüssen und Tipps, wie Sie Ihren
Grillabend neu gestalten und aufpeppen können. Die Menüs sind
so komponiert, dass die Gerichte sowohl im Geschmack als auch im
Aussehen zusammenpassen. Kurz gesagt: Schönes Essen, das himmlisch
schmeckt und Gastgeber wie Gäste glücklich, satt und zufrieden macht.
Dieses Buch hilft Ihnen, den Sommerfesten Magie zu verleihen!

Früh-
sommerabend

Jetzt ist die Zeit, in der die Natur am allerschönsten ist. Die Blätter sind zartgrün, die Vögel singen von morgens bis abends und wir können allmählich beim Abendessen draußen sitzen. Vielleicht können wir die Zutaten für das abendliche Menü aus dem eigenen Garten holen: Petersilie, frischen Spinat und Rhabarber. Wenn nicht, gibt es alles auch im Laden. Wenn es später am Abend kühl wird, kann man entweder Decken holen oder die leckere Eistorte drinnen essen.

4 PERSONEN

—

Rhabarber-Limetten-Drink

Baguette mit Avocadomousse und Sesam

Räucherlachs mit Kaperntopping

Würzige Lammspieße mit Basmatisalat und Joghurtsauce

Rhabarbereistorte mit marinierten Erdbeeren

Rhabarber-Limetten-Drink

Cachaça ist ein Zuckerrohrdestillat aus Brasilien. Es wird oft mit Limette, Rohrzucker und Eis zu Caipirinha gemixt. Hier ist eine Sommervariante mit Rhabarbersirup.

FÜR 8 GLÄSER:
6 Bio-Limetten
250 ml Rhabarbersirup
1 kleine Flasche Mineralwasser (0,33 l)
200 ml Cachaça
reichlich Eiswürfel

Zum Garnieren:
Minze

SO WIRD'S GEMACHT:
1. Die Limetten gründlich unter lauwarmem Wasser abschrubben. In Spalten schneiden, die Spalten halbieren.
2. Die Limetten in eine Karaffe geben und mit einem Stößel zerdrücken, sodass der Saft herausgepresst wird.
3. Saft, Wasser und Eis darübergießen. Cachaça hinzufügen und umrühren. 2 bis 3 Minuten stehen und „zusammenschmelzen" lassen. In Gläser mit Eiswürfeln füllen und mit Minze garnieren.

Baguette mit Avocadomousse und Sesam

Wer möchte, kann die Baguettescheiben im Ofen rösten. Steinofenbaguette ist besonders lecker.

FÜR 8 PORTIONEN:
55 g Sesamsaat
1 TL Chiliflocken
1 TL feines Meersalz
3 Avocados
2 EL frisch gepresster Limettensaft
½ TL Salz
1 Baguette
2 EL Olivenöl

SO WIRD'S GEMACHT:
1. Die Sesamsaat in einer trockenen Pfanne goldbraun rösten. Chiliflocken und Meersalz hinzufügen.
2. Die Avocados halbieren, entkernen und das Fruchtfleisch herauslöffeln. Limettensaft darüber pressen und mit einer Gabel zerdrücken. Mit Salz abschmecken.
3. Das Baguette in dünne Scheiben schneiden, mit Öl beträufeln und Avocado sowie Sesammischung darauf geben.

Räucherlachs mit Kaperntopping

Das Kaperntopping schmeckt auch auf gegrilltem Lachs lecker.

FÜR 8 PORTIONEN:
400 g Räucherlachs in dünnen Scheiben
2 Schalotten
4 EL Kapern
2 EL Olivenöl
4 EL fein gehackte Petersilie
¼ TL feines Meersalz
1 Prise frisch gemahlener weißer Pfeffer
100 g Crème fraîche light
2 EL Milch

SO WIRD'S GEMACHT:
1. Die Schalotten schälen und fein hacken. Mit Kapern, Öl und Petersilie vermengen und mit Salz und Pfeffer würzen.
2. Crème fraîche und Milch verrühren.
3. Die Lachsscheiben auf Tellern verteilen. Mit Topping bestreuen und mit Crème fraîche beträufeln.

Würzige Lammspieße mit Basmatisalat und Joghurtsauce

Hier tummeln sich viele gute Aromen wie Zimt, Koriander, Ingwer und Zitrone. Die milde Sauce bildet einen weichen Kontrast zu den intensiven Gewürzen.

FÜR 8 PORTIONEN:
1,5 kg Lammentrecôte (ersatzweise
1 kg Lammfilet)
1 TL Salz
½ TL frisch gemahlener schwarzer Pfeffer

Gewürzmischung:
1 Zimtstange
1 EL ganze Koriandersamen
1 EL ganze Kreuzkümmelsamen
1 EL ganze Fenchelsamen
1 EL weiße Senfkörner
1 TL ganze Kardamomsamen
3 Sternanis

Basmatisalat:
425 g Basmatireis
500 g Möhren
3 Knoblauchzehen
4 EL Rapsöl
2 EL geriebener Ingwer
2 EL frisch gepresster Limettensaft
40 g gehackter Koriander
½ TL Salz
½ TL frisch gemahlener schwarzer Pfeffer

Spinatsalat:
160 g Babyspinat
1 rote Zwiebel
2 EL Olivenöl
1 EL frisch gepresster Zitronensaft

Joghurtsauce:
500 g Naturjoghurt
50 ml Olivenöl
½ TL Salz
½ TL frisch gemahlener schwarzer Pfeffer

Außerdem:
Sambal Oelek

SO WIRD'S GEMACHT:
1. Alle Gewürze in einer trockenen Pfanne anrösten, bis sie zu duften beginnen und sich die ersten Rauchkringel bilden – aufpassen, dass sie nicht verbrennen. Mit einem Mörser zu einem feinen Pulver zerstoßen oder in einer Gewürzmühle mahlen.
2. Das Lammfleisch von Sehnen und Häuten befreien und in ca. 3 cm x 3 cm große Würfel schneiden. Das Fleisch auf eingeweichte Grillspieße aus Holz stecken.
3. Den Reis nach Packungsanweisung kochen. Die Möhren schälen und in dünne Scheiben schneiden. Den Knoblauch schälen und fein hacken.
4. Die Möhrenscheiben in einem großen Topf in Öl weich braten. Knoblauch und Ingwer hinzufügen und 2 bis 3 Minuten braten. Den gekochten Reis dazugeben und warm werden lassen. Limettensaft darüberpressen. Koriander einrühren und mit Salz und Pfeffer würzen.
5. Die Lammspieße mit reichlich Gewürzmischung einreiben, salzen und pfeffern. Die Spieße in einer Grillpfanne auf jeder Seite 2 bis 3 Minuten braten.
6. Die Zwiebel schälen und in dünne Scheiben schneiden. Mit Spinat, Öl und Zitronensaft vermengen.
7. Den Joghurt mit Öl vermischen und mit Salz und Pfeffer würzen.
8. Die Lammspieße mit lauwarmem Basmatisalat, Spinatsalat, Joghurtsauce und Sambal Oelek servieren.

Rhabarbereistorte mit marinierten Erdbeeren

Wenn nicht die ganze Torte gegessen wird, kann man den Rest einfrieren.

FÜR 16 STÜCKE:
175 g Haferkekse
75 g Butter
1 Bio-Zitrone
300 g tiefgefrorene Erdbeeren
2 EL Puderzucker
100 ml Rhabarbersirup
1 l Vanilleeis

Außerdem:
250 g frische Erdbeeren
50 ml Rhabarbersirup
frische Minze

SO WIRD'S GEMACHT:
1. Haferkekse und Butter in einer Küchenmaschine zu einer krümeligen Masse mixen. Den Krümelteig in den Boden in eine Springform, Ø 25 cm, drücken (auch etwas den Rand hinauf). In den Gefrierschrank stellen.
2. Die Zitrone gründlich mit lauwarmem Wasser abspülen und die Schale reiben. Die gefrorenen Erdbeeren mit Zitronensaft und -schale, Puderzucker und Rhabarbersirup in einer Küchenmaschine mixen. Das Eis dazugeben und zu einem gleichmäßigen Softeis mixen. Die Masse in die Form geben und für ca. 4 Stunden in den Gefrierschrank stellen.
3. Die Erdbeeren putzen und halbieren. Den Sirup darübergießen und ca. 30 Minuten marinieren.
4. Die Torte ca. 10 Minuten vor dem Servieren herausnehmen und auf eine Kuchenplatte legen. Mit ein paar der Erdbeeren und Minze garnieren. Mit den restlichen Erdbeeren servieren.

Sommerliches aus aller Welt

Um die Welt kennenzulernen, muss man gar nicht weit verreisen. Ein Sommer daheim kann genauso exotisch sein – mit Genüssen aus verschiedenen Teilen der Welt: dem britischen Drinkklassiker Pimm's, pikantem Linsenmus mit Wurzeln im Mittleren Osten, würzigem Lamm mit Gewürzen aus Nordafrika, Feta aus dem Mittelmeerraum und zum Abschluss Erdbeeren mit asiatischer Mango.

4 PERSONEN

—

Rote Bete mit Joghurtsauce

Pikantes Linsenmus

Pimm's-Drink

Würziges Lamm mit Paprika

Kartoffelscheiben aus dem Ofen

Schafkäsesauce in Partypaprika

Mangojoghurt mit Erdbeeren und Basilikum

Kleine Walnussbaisers

Rote Bete mit Joghurtsauce

Zarte Rote Beten! Die Kochzeit variiert je nach Größe – testen Sie mit einem Stäbchen, ob sie gar sind.

FÜR 4 PORTIONEN:
1 kg kleine Rote Beten
1 EL Olivenöl
1 EL frisch gepresster Zitronensaft
1 TL feines Meersalz
¼ TL frisch gemahlener schwarzer Pfeffer

Joghurtsauce:
200 g türkischer Joghurt
1 Bio-Zitrone
½ TL Salz
¼ TL frisch gemahlener weißer Pfeffer
¼ TL Zucker

Außerdem:
ca. 250 g Hummus
grüne Oliven

SO WIRD'S GEMACHT:
1. Die Roten Beten mit Schale 20 bis 30 Minuten weich kochen. Abkühlen lassen, schälen und in Stücke schneiden. Mit Öl, Zitronensaft, Salz und Pfeffer vermischen.
2. Die Zitrone gründlich mit lauwarmem Wasser abspülen. Die Schale reiben und mit dem Joghurt vermischen. Mit Salz, Pfeffer und Zucker würzen.
3. Die Rote Bete mit Joghurtsauce und Hummus servieren.

Pikantes Linsenmus

Säuerlich und herrlich! Falls etwas übrig bleibt, eignen sich die Linsen gut als Beilage zu Fleisch oder als Einlage für einen bunten Salat.

FÜR 4 PORTIONEN:
500 g grüne Linsen
2 Knoblauchzehen
1 Hühner- oder Gemüsebrühwürfel
1 Bund Petersilie
1 rote Zwiebel
3 EL frisch gepresster Zitronensaft
½ EL Tabasco
1 TL Salz

SO WIRD'S GEMACHT:
1. Den Knoblauch schälen. Die Linsen zusammen mit Knoblauch und Brühwürfel ca. 15 Minuten kochen.
2. Die Petersilie hacken. Die Zwiebel schälen und fein hacken.
3. Das Kochwasser der Linsen abgießen und die Knoblauchzehen wegwerfen. Die Linsen mit Petersilie, Zwiebeln, Zitronensaft, Tabasco und Salz vermengen.

Pimm's-Drink

Pimm's ist ein Aperitif auf der Basis von Gin, der vor allem in Großbritannien viel getrunken wird. Der Drink hat die Farbe von Tee und einen Alkoholgehalt von 25 % Vol. Falls Sie keinen Pimm's haben, können Sie ihn durch Rum oder Wodka ersetzen.

FÜR 4 GLÄSER:
100 ml Pimm's No. 1
1 Stück Gurke (ca. 10 cm)
½ Bio-Zitrone
4 Erdbeeren
2 EL frisch gepresster Zitronensaft
400 ml Ginger Ale
reichlich Eiswürfel

SO WIRD'S GEMACHT:
1. Die Gurke in Scheiben schneiden. Die Zitrone gründlich mit lauwarmem Wasser abspülen und in Scheiben schneiden. Die Erdbeeren putzen und halbieren. Gurke, Zitrone und Erdbeeren in eine Karaffe geben oder in Gläsern verteilen. Reichlich Eis hinzufügen.
2. Pimm's, Zitronensaft und Ginger Ale darübergießen und servieren.

SOMMERLICHES AUS ALLER WELT

Würziges Lamm mit Paprika

Die aromatischen Gewürze heben das Lamm in neue Dimensionen.

FÜR 4 PORTIONEN:
800 g Lammaußenfilet
2 Paprikaschoten, gerne in verschiedenen Farben
1 EL Rapsöl
½ TL Salz
¼ frisch gemahlener schwarzer Pfeffer

Marinade:
100 ml Rapsöl
1 EL Salz
1 EL gemahlener Ingwer
1 EL Paprikapulver
1 TL frisch gemahlener schwarzer Pfeffer
½ TL gemahlene Gewürznelken
½ TL frisch gemahlener weißer Pfeffer
½ TL gemahlener Muskat
¼ TL gemahlener Kardamom

SO WIRD'S GEMACHT:
1. Die Lammfilets von Sehnen und Häuten befreien. Alle Zutaten für die Marinade vermischen und das Fleisch im Kühlschrank ca. 4 Stunden marinieren.
2. Das Fleisch rundherum auf jeder Seite ca. 6 Minuten braten oder grillen, bis es eine Innentemperatur von 56 °C hat.
3. Die Paprikaschoten entkernen und in grobe Stücke schneiden. Mit Öl vermengen. 2 bis 3 Minuten braten oder grillen, sodass sie weich werden. Mit Salz und Pfeffer würzen.
4. Das Lammfilet in Scheiben schneiden und mit Paprika, Kartoffeln und Sauce servieren.

Kartoffelscheiben aus dem Ofen

Ein Gericht, das immer gelingt! Eigentlich kann nichts schiefgehen – rühren Sie nur ab und zu in den Kartoffeln, sodass sie gleichmäßig durch werden und schön Farbe bekommen.

FÜR 4 PORTIONEN:
1 kg neue Kartoffeln
1 EL Olivenöl
1½ TL Salz
½ TL Zucker
½ TL frisch gemahlener schwarzer Pfeffer

SO WIRD'S GEMACHT:
1. Den Ofen auf 250 °C vorheizen. Die Kartoffeln in lauwarmem Wasser abschrubben und in ca. ½ cm dicke Scheiben schneiden. Auf einem Blech mit Backpapier mit Öl, Salz, Zucker und Pfeffer vermischen.
2. Die Kartoffeln auf mittlerer Schiene ca. 25 Minuten goldbraun rösten.

Schafkäsesauce in Partypaprika

Servieren Sie die leckere Sauce in „Schalen" aus Paprika und genießen Sie sie zu dem würzigen Lamm.

FÜR 4 PORTIONEN:
200 g Feta
300 g türkischer Joghurt
2 EL gehackte Minze
1 EL flüssiger Honig
1 TL Salz
¼ TL frisch gemahlener weißer Pfeffer
2 Paprikaschoten, gerne in verschiedenen Farben

SO WIRD'S GEMACHT:
1. Den Feta zerdrücken und mit Joghurt, Minze, Honig, Salz und Pfeffer vermischen.
2. Die Paprikaschoten halbieren und entkernen. Die Hälften mit der Sauce füllen.

SOMMERLICHES AUS ALLER WELT

Mangojoghurt mit Erdbeeren und Basilikum

Schnelles Softeis mit lecker säuerlichem Geschmack.

FÜR 4 PORTIONEN:
400 g Mangomus
300 g türkischer Joghurt
85 g Zucker

Marinierte Erdbeeren:
250 g Erdbeeren
20 g Basilikumblätter
½ EL Zucker
1 TL Crema di Balsamico

SO WIRD'S GEMACHT:
1. Fruchtmus, Joghurt und Zucker zu einer glatten Masse mixen. In eine flache Schüssel füllen und ca. 3 Stunden in den Gefrierschrank stellen.
2. Die Erdbeeren putzen und in Spalten schneiden. 5 bis 10 Minuten mit Basilikum, Zucker und Crema di Balsamico in einer Schüssel marinieren.
3. Die gefrorene Joghurtmischung in einer Küchenmaschine mixen und in hohen Gläsern verteilen. Erdbeeren und Marinade darübergeben.

Kleine Walnussbaisers

Süßes Extra für alle, die wollen: schnelle, kleine, feine Nussbaisers.

FÜR CA. 30 BAISERS:
50 g Walnüsse
2 Eiweiß
120 g Puderzucker

SO WIRD'S GEMACHT:
1. Den Ofen auf 175 °C vorheizen. Die Nüsse in einer Küchenmaschine zerkleinern. Das Eiweiß steif schlagen. Nach und nach den Zucker hinzufügen und zu einem festen Baiserteig schlagen. Die Nüsse unterheben.
2. Den Teig mit einem kleinen Löffel auf ein Blech mit Backpapier klecksen. Im unteren Teil des Ofens ca. 20 Minuten backen, bis die Baisers fest geworden sind und etwas Farbe bekommen haben. 2 bis 3 Minuten ruhen lassen, bevor sie vom Papier gelöst werden.
3. Die Baisers zum Mangojoghurt oder zum Kaffee servieren.

SOMMERLICHES AUS ALLER WELT

Familienfest

Laden Sie die Verwandtschaft im Garten oder auf den Balkon zu einem schönen Buffet ein. Schicken Sie ein paar Rezepte für das Buffet an die Gäste und lassen Sie jeden etwas mitbringen. Kühlen Sie diverse Getränke in großen Wannen mit kaltem Wasser und Eiswürfeln. Die Geschmacksrichtungen in diesem Buffet sind sehr edel, mit Maränenkaviar, Lachs mit Holunder und Beerencoupe mit Vanillecreme. Genießen Sie gemeinsam die laue Sommernacht und das gute Essen.

8 PERSONEN

—

Aquavithering

Gärtnerhering

Neue Kartoffeln mit Maränenkaviardip

Leicht gebeizte Lachsseite mit Holunder

Spargel mit Nüssen und Minze

Roastbeefplatte mit Senfvinaigrette

Brot mit Dill und Parmesan

Gurkensalat mit Ziegenkäse

Schnelles Beerendessert

Aquavithering

Diesen Hering kann man sofort essen. Nach ein paar Stunden oder am nächsten Tag schmeckt er noch besser.

FÜR 8 PORTIONEN:
840 g eingelegter Hering
125 g Anchovisfilets
1 kleine Möhre
2 Frühlingszwiebeln
5 schwarze Pfefferkörner
1 Lorbeerblatt
1 EL Aquavit

SO WIRD'S GEMACHT:
1. Hering und Anchovis abtropfen lassen, 100 ml Heringslake und 1 TL Anchovislake aufbewahren. Den Hering in schräge Stücke schneiden. In ein Einmachglas oder eine Schüssel geben. Die Anchovis in kleine Stücke schneiden. Die Möhre schälen und in dünne Stäbchen schneiden. Die Frühlingszwiebeln putzen und in etwas schräge Scheiben schneiden.
2. Anchovis, Möhren, Frühlingszwiebeln, Pfefferkörner und Lorbeerblatt zum Hering geben.
3. Die Lake von Hering und Anchovis mit Aquavit verrühren und über den Hering gießen. Bis zum Servieren in den Kühlschrank stellen.

Gärtnerhering

Ein cremiger Hering mit viel Kräutergeschmack. Er hält sich 2 bis 3 Tage im Kühlschrank.

FÜR 8 PORTIONEN:
840 g eingelegter Hering

Sauce:
1 EL Heringslake
200 g Crème fraîche light
20 g grob gehackte Kräuter, z. B. Petersilie, Dill, Basilikum und Schnittlauch
2 EL Light-Mayonnaise
2 TL Senf
½ TL feines Meersalz
¼ TL frisch gemahlener weißer Pfeffer

SO WIRD'S GEMACHT:
1. Den Hering abtropfen lassen, dabei 1 EL Lake aufbewahren. Die Heringsfilets der Länge nach halbieren. In eine tiefe Schüssel oder ein Einmachglas geben.
2. Die Heringslake mit einem Pürierstab mit Crème fraîche, Kräutern, Mayonnaise, Senf, Salz und Pfeffer mixen. Die Sauce über den Hering gießen. Den Hering in den Kühlschrank stellen und ca. 2 Stunden oder bis zum nächsten Tag stehen lassen.

Neue Kartoffeln mit Maränenkaviardip

Perfekt für ein Buffet oder als Fingerfood-Vorspeise mit einem kühlen Bier oder Weißwein.

FÜR 8 PORTIONEN:
1,5 kg neue Kartoffeln, so klein wie möglich
5 Stängel Dill
100 g Maränenkaviar oder Seehasenkaviar
400 g Crème fraîche light
3 gehäufte EL fein gehackter Schnittlauch
1 TL frisch gepresster Zitronensaft
½ TL Salz
½ TL frisch gemahlener weißer Pfeffer

SO WIRD'S GEMACHT:
1. Die Kartoffeln schrubben. Mit Dill in einem Topf in leicht gesalzenem Wasser kochen.
2. Den Kaviar vorsichtig unter die Crème fraîche mischen. Schnittlauch hinzufügen und mit Zitronensaft, Salz und Pfeffer abschmecken.
3. Die Kartoffeln mit dem Dip servieren.

Leicht gebeizte Lachsseite mit Holunder

Servieren Sie den Lachs mit neuen Kartoffeln und einem Klecks saure Sahne. Weil der Lachs gebeizt ist, muss er nicht durchgebraten werden.

FÜR 8 PORTIONEN:
1,5 kg Lachsfilet ohne Knochen
2 Bio-Zitronen
2 EL feines Meersalz
1½ EL Zucker
1 EL Dillsamen
1 TL grob zerstoßener weißer Pfeffer
1½ EL Holunderblütensirup
20 g gehackter Dill

SO WIRD'S GEMACHT:
1. Die Zitronen gründlich mit lauwarmem Wasser abspülen und die Schale abreiben. Zitronenschale, Meersalz, Zucker, Dillsamen und Pfeffer in einem Mörser zerstoßen. Holunderblütensirup und Dill hinzufügen.
2. Die Hautseite des Lachses mit einem scharfen Messer mehrmals einschneiden. Den Lachs mit der Hautseite nach unten auf ein großes Brett oder in eine Fettpfanne legen. Die Fleischseite mit der Gewürzmischung einreiben. Mit Frischhaltefolie bedecken und ca. 6 Stunden in den Kühlschrank stellen.
3. Den Fisch grillen, am besten bei geschlossenem Deckel. Der Lachs ist fertig, wenn das Fleisch am Rand der Oberseite weiß wird. Er darf innen gerne etwas rosa sein, dann ist er schön saftig.

Spargel mit Nüssen und Minze

Die Grillzeit variiert je nachdem, ob der Spargel jung oder älter ist. Man kann ihn auch in der Pfanne braten.

FÜR 8 PORTIONEN:
750 g grüner Spargel
65 g Haselnüsse
2 EL kaltgepresstes Rapsöl
1 EL frisch gepresster Zitronensaft
1 TL feines Meersalz
½ TL frisch gemahlener schwarzer Pfeffer
3 gehäufte EL grob gehackte Minze

Außerdem:
gegrillte Zitronenhälfte

SO WIRD'S GEMACHT:
1. Den unteren, holzigen Teil des Spargels entfernen. Die Haselnüsse grob hacken und in einer heißen, trockenen Pfanne 1 bis 2 Minuten rösten.
2. Den Spargel rundherum 5 bis 10 Minuten grillen, bis er schön Farbe bekommen hat und weich, aber immer noch etwas bissfest ist. Während des Grillens mit etwas Öl bestreichen.
3. Den Spargel auf eine Platte legen. Mit dem restlichen Öl und dem Zitronensaft beträufeln. Salzen und pfeffern. Kurz vor dem Servieren mit Haselnüssen und Minze bestreuen. Mit Zitrone servieren.

Roastbeefplatte mit Senfvinaigrette

Richten Sie das Roastbeef an, bereiten Sie die Vinaigrette und die übrigen Zutaten vor und stellen Sie es erst kurz vor dem Servieren zusammen, damit die Rote Bete nicht abfärbt.

FÜR 8 PORTIONEN:
300 g dünn geschnittenes Roastbeef
3 Eier
150 g gehackte eingelegte Rote Bete
55 g Kapern
3 gehäufte EL grob geriebener Meerrettich

Senfvinaigrette:
½ EL Apfelessig
½ TL Dijon-Senf
½ TL flüssiger Honig
50 ml kaltgepresstes Rapsöl
½ TL feines Meersalz
1 Prise frisch gemahlener weißer Pfeffer

SO WIRD'S GEMACHT:
1. Die Eier in einen Topf geben und mit kaltem Wasser bedecken. Das Wasser aufkochen lassen und die Eier 7 Minuten kochen. Mit kaltem Wasser abschrecken.
2. Essig, Senf und Honig mit einem Schneebesen verrühren. Das Öl einrühren, erst tropfenweise, dann in einem dünnen Strahl, bis die Vinaigrette eindickt. Salzen und pfeffern.
3. Das Roastbeef auf eine Platte legen. Die Eier schälen und grob hacken. Eier, Rote Bete und Kapern auf dem Roastbeef verteilen. Mit Meerrettich bestreuen und mit Vinaigrette beträufeln.

Brot mit Dill und Parmesan

Peppen Sie die Mehlmischung mit Dill und Parmesan auf.

FÜR 3 BROTLAIBE:
50 g Hefe
150 g + 50 g geriebener Parmesan
40 g gehackter Dill
1 kg Weißbrot-Backmischung

SO WIRD'S GEMACHT:
1. Die Hefe in eine Schüssel bröckeln. 600 ml Wasser auf Körpertemperatur bringen, 37 °C, über die Hefe gießen und rühren, bis sie sich aufgelöst hat. 150 g Käse, Dill und Backmischung hinzufügen, dabei etwas Mehl zum Formen aufsparen. Den Teig kräftig kneten, bis er sich geschmeidig anfühlt – ca. 5 Minuten in der Küchenmaschine oder ca. 10 Minuten von Hand. Den Teig bedeckt ca. 30 Minuten gehen lassen.
2. Den Teig in drei Teile teilen. Im restlichen Mehl gut kneten und zu länglichen Laiben formen. Auf ein Blech mit Backpapier legen und bedeckt ca. 20 Minuten gehen lassen.
3. Den Ofen auf 225 °C vorheizen. Die Brote mit 50 g Käse bestreuen und mit einem scharfen Messer einschneiden. Im unteren Teil des Ofens 15 bis 20 Minuten backen, bis sie Farbe bekommen haben und hohl klingen, wenn man gegen die Unterseite klopft. Auf einem Rost unter einem Backtuch abkühlen lassen.

Gurkensalat mit Ziegenkäse

Manchmal vergisst man leicht etwas Grünes. Dies ist ein hübscher Salat mit knackigen Gurken und cremigem Ziegenkäse, der sich toll als Beilage zu den übrigen Speisen auf dem Buffet eignet.

FÜR 8 PORTIONEN:
2 Gurken
1 Kopfsalat
100 g Erbsensprossen
1 rote Zwiebel
200 g Ziegenkäse
50 ml kaltgepresstes Rapsöl
2 EL frisch gepresster Zitronensaft
1 TL feines Meersalz
½ TL frisch gemahlener schwarzer Pfeffer

Fladenbrotcroûtons:
250 g Tortilla-Fladen
1 EL Rapsöl
1 TL feines Meersalz

SO WIRD'S GEMACHT:
1. Den Ofen auf 250 °C vorheizen. Die Brotfladen auf beiden Seiten mit Öl bestreichen. Mit Meersalz bestreuen. Das Brot auf einem Rost ganz oben im Ofen 2 bis 3 Minuten grillen, bis es goldbraun ist. In große Stücke brechen.
2. Die Gurken der Länge nach hobeln, sodass lange Streifen entstehen. Das innerste Kerngehäuse entfernen.
3. Die Salatblätter zupfen. Den untersten, groben Teil der Erbsensprossen abbrechen. Die Zwiebel schälen und in dünne Ringe schneiden.
4. Gurkenstreifen, Salat, Erbsensprossen und Zwiebeln auf eine Platte legen. Den Käse über dem Salat verteilen. Mit Öl und Zitronensaft beträufeln, salzen und pfeffern, mit Croûtons bestreuen und servieren.

Schnelles Beerendessert

Am besten ist dieses Dessert mit frischen Beeren, aber wenn Sie wollen, können Sie auch Pfirsiche, Nektarinen oder andere Sommerfrüchte verwenden.

FÜR 6–8 PORTIONEN:
500 g Erdbeeren
250 g Himbeeren
250 g rote Johannisbeeren
100 g Heidelbeeren
300 ml Schlagsahne
1 TL Vanillezucker
½ TL gemahlener Zimt

Zum Garnieren:
grüne Blätter, z. B. Minze

SO WIRD'S GEMACHT:
1. Die Beeren putzen, vermischen und in kleine Schälchen verteilen.
2. Die Sahne zusammen mit Vanillezucker und Zimt leicht schlagen. Zu den Beeren servieren und mit grünen Blättern garnieren.

Angrillen!

Kaum etwas wird im Winterhalbjahr so heiß ersehnt wie der Tag, an dem man zum ersten Mal den Grill wieder herausholt und den Duft von Gegrilltem in der Nase spürt. Egal ob Sie mit Kohle oder Gas grillen, es ist herrlich, das Essen draußen zubereiten zu können. Hier wird Lammfilet gegrillt, das dank zweier unterschiedlicher Marinaden – eine vor und eine nach dem Grillen – saftig und schmackhaft wird. Leckere Beilagen wie gegrillte neue Kartoffeln und gegrillter Zucchini-Mozzarella machen das Abendessen komplett.

6 PERSONEN

—

Bruschetta mit Spargel und Sardellen

Schwarzer Johannisbeerdrink

Gegrillter Zucchini-Mozzarella

Mariniertes Lammfilet

Gegrillte neue Kartoffeln mit Fenchel und Oliven

Eis mit Muscovadosauce

Bruschetta mit Spargel und Sardellen

Ein Gericht, das serviert werden kann, während man darauf wartet, dass das Essen fertig wird.

FÜR 18 BRUSCHETTA:
3 Tomaten, gerne gelbe
50 g Sardellenfilets in Öl
250 g grüner Spargel
1 EL + 1 EL Olivenöl
1 große Knoblauchzehe
1 EL frisch gepresster Zitronensaft
¾ TL feines Meersalz
½ TL frisch gemahlener schwarzer Pfeffer
18 Scheiben Baguette

SO WIRD'S GEMACHT:
1. Die Tomaten halbieren und entkernen. Das Fruchtfleisch in kleine Stücke schneiden. Die Hälfte der Sardellen hacken. Das holzige Ende des Spargels entfernen. Den Spargel in kleine Stücke schneiden. In einer Pfanne rundherum in 1 EL Öl ca. 2 Minuten anbräunen.
2. Die Knoblauchzehe schälen und halbieren. Die Innenseite einer großen Schüssel mit der Schnittseite einer Knoblauchhälfte einreiben. Tomaten, gehackte Sardellen, Spargel, Zitronensaft, Salz und Pfeffer in der Schüssel vermengen.
3. Die Brotscheiben auf beiden Seiten mit 1 EL Öl bestreichen und grillen oder braten. Mit der anderen Knoblauchhälfte einreiben.
4. Das Topping auf dem Brot verteilen. Mit dünnen Streifen der restlichen Sardellen garnieren.

Schwarzer Johannisbeerdrink

Sie können anstelle der Johannisbeer- auch Holunderbeerblätter verwenden und noch einen Schluck Gin dazugeben.

FÜR CA. 1 LITER:
ca. 4 Handvoll junge schwarze Johannisbeerblätter
1 + 2 Bio-Zitronen
425 g Zucker

Außerdem:
Zitronenscheiben
reichlich Eiswürfel

SO WIRD'S GEMACHT:
1. Die Johannisbeerblätter abspülen. Eine Zitrone gründlich waschen und in dünne Scheiben schneiden, dann in einer Karaffe mit den Blättern aufschichten.
2. Den Zucker in 1,5 l Wasser aufkochen, bis er sich aufgelöst hat. Den Sud in die Karaffe gießen. Mit Frischhaltefolie bedecken und 2 Tage im Kühlschrank verwahren.
3. Den Drink durch ein Sieb gießen. Den Saft von 2 Zitronen hineinpressen, in gut gesäuberte Flaschen gießen und verschließen. Gekühlt mit Zitronenscheiben und reichlich Eiswürfeln servieren.

Gegrillter Zucchini-Mozzarella

Diese Rollen kann man gut vorbereiten. Das Mittelstück der Zucchini wird nicht verwendet, kann aber z. B. gewürfelt und in Olivenöl und Thymian angebraten als Beilage zu Fleisch oder Fisch serviert werden.

FÜR 12 ROLLEN:
1 Zucchini, gerne ½ gelbe und ½ grüne
125 g Mozzarella
½ TL Chiliflocken
1 EL Olivenöl
1 TL feines Meersalz

SO WIRD'S GEMACHT:
1. Der Länge nach 12 dünne Scheiben aus der Zucchini schneiden, das geht am einfachsten mit einem Käsehobel.
2. Den Käse in zwölf Stücke schneiden. Ein Stück auf jeden Zucchinistreifen legen. Mit Chiliflocken bestreuen und zu festen Rollen zusammenrollen. Mit Zahnstochern feststecken.
3. Die Rollen mit Öl bestreichen und salzen. Rundherum ca. 2 Minuten grillen.

ANGRILLEN!

Mariniertes Lammfilet

Anstelle des hier verwendeten zarten Lamminnenfilets können Sie auch Außenfilet nehmen, dann sollte die Grillzeit etwas erhöht werden.

FÜR 6 PORTIONEN:
1 kg Lamminnenfilet
1 TL + 1 TL feines Meersalz
½ TL + ¼ TL frisch gemahlener Pfeffer

Marinade 1:
100 ml Olivenöl
2 EL gehackter Rosmarin
1 EL flüssiger Honig

Marinade 2:
½ Bio-Zitrone
100 ml Olivenöl
4 Rosmarinzweige

Zum Garnieren:
Rosmarinzweige
Zitronenschale

SO WIRD'S GEMACHT:
1. Das Fleisch von Sehnen und Häuten befreien und in doppelte Gefrierbeutel legen. Zutaten für Marinade 1 vermischen und hinzufügen. Den Beutel gut verschlossen für 6 Stunden in den Kühlschrank legen, ein paarmal wenden.
2. Die Zitrone gründlich mit lauwarmem Wasser abspülen, das Gelbe der Schale abschälen, dann 1 El Saft auspressen. Saft und Schale mit Olivenöl und Rosmarin vermengen.
3. Das Fleisch mit Küchenpapier trocken tupfen. Rundherum 4 bis 5 Minuten grillen. Mit 1 TL Salz und ½ TL Pfeffer würzen. Das Fleisch ca. 5 Minuten in Marinade 2 legen.
4. Das Fleisch herausnehmen und schräg in dünne Scheiben schneiden, auf einer Platte mit Marinade 2 beträufeln. Mit Rosmarin und Zitronenschale garnieren. Mit 1 TL Salz und ¼ TL Pfeffer bestreuen.

Gegrillte neue Kartoffeln mit Fenchel und Oliven

Die Kartoffel-Gemüse-Mischung kann vorbereitet und später einfach auf den Grill gelegt werden.

FÜR 6 PORTIONEN:
1 kg neue Kartoffeln
1 ganze Knoblauchknolle
1 Bio-Zitrone
3 EL Olivenöl
35 g schwarze Oliven, z. B. Kalamata
1 Fenchelknolle
1 TL feines Meersalz
½ TL frisch gemahlener schwarzer Pfeffer

SO WIRD'S GEMACHT:
1. Die Kartoffeln schrubben und in Salzwasser kochen, bis sie gerade gar sind. Das Wasser abgießen und die Kartoffeln in eine Schüssel geben.
2. Den Knoblauch halbieren und mit den Kartoffeln vermischen. Die Zitronen gründlich mit lauwarmem Wasser abspülen und die Schale ohne das Weiße in dünne Streifen reiben. Die Kartoffeln mit Zitronenschale, Öl und Oliven vermengen. Abkühlen lassen. Mit Frischhaltefolie bedecken und in den Kühlschrank stellen.
3. Den Fenchel putzen und halbieren. Den Strunk wegschneiden. Mit den Kartoffeln vermischen. Salzen und pfeffern.
4. Die Kartoffel-Gemüse-Mischung auf einem großen Bogen Grillfolie 5 bis 10 Minuten grillen, bis die Kartoffeln Farbe bekommen haben. Die Folie ab und zu rütteln.

Eis mit Muscovadosauce

Die Sauce kann vorbereitet und dann kurz vor dem Servieren erhitzt werden. Servieren Sie am besten Sahneeis dazu.

FÜR 6 PORTIONEN:
½ Vanillestange
150 ml Schlagsahne
2 EL heller Sirup
45 g dunkler Muscovadozucker (unraffinierter Rohrzucker)
1 EL Butter

Karamellisierte Kürbiskerne:
75 g Kürbiskerne
3 EL Zucker
¼ TL feines Meersalz

Außerdem:
Vanilleeis
frische Beeren

SO WIRD'S GEMACHT:
1. Die Kürbiskerne in einer trockenen (ohne Öl), mittelheißen Pfanne kurz anrösten. Zucker und 1 EL Wasser zu den Kürbiskernen geben. Dann das Salz darüberstreuen. Die Pfanne ab und zu rütteln, bis der Zucker geschmolzen ist. Die Kürbiskerne auf einem Bogen Backpapier ausbreiten und mit etwas Wasser besprengen (dann kleben sie nicht so leicht zusammen). Abkühlen lassen. Eventuelle Klumpen auseinanderbrechen.
2. Die Vanillestange der Länge nach halbieren und das Mark mit einem spitzen Messer herauskratzen. Sahne und Sirup in einen Topf geben. Zucker, Vanillestange und -mark hinzufügen. Aufkochen und bei schwacher Hitze ca. 10 Minuten kochen lassen.
3. Den Topf von der Platte ziehen, Butter einrühren, abkühlen lassen.

Die Vanillestange herausnehmen. Die Sauce zu Eis und Beeren servieren. Mit karamellisierten Kürbiskernen bestreuen.

Fest im Schrebergarten

Wenn Sie zu den Glücklichen gehören, die einen Schrebergarten haben, gibt es hier ein herrliches Erntemenü für Sie! Spargel, junger Spinat, Kirschtomaten, Melone und frische Himbeeren bilden zusammen zum Beispiel mit Lachs ein schnell zuzubereitendes leckeres Abendessen. Vielleicht sind Gemüse und Beeren aus dem Freilandbeet, vielleicht aus dem Gewächshaus. Und wenn Sie keinen Schrebergarten haben, können Sie die Zutaten natürlich genauso gut im Laden kaufen!

10 PERSONEN
—

Süßer gegrillter Lachs mit Fetasalat

Prosecco mit Melone

Spargel mit cremigen Eiern

Himbeersemifreddo

Gegrilltes mediterranes Brot

Süßer gegrillter Lachs mit Fetasalat

Wichtig – heizen Sie den Grill ca. eine halbe Stunde vorher an. Ein spezieller Fisch-Grillrost erleichtert das Grillen von Fisch.

FÜR 10 PORTIONEN:
1,5 kg Lachsfilet ohne Haut und Knochen
65 g dunkler Muscovadozucker (unraffinierter Rohrzucker)
1½ EL gemahlener Koriander
½ TL Chilipulver
2 EL feines Meersalz
½ TL frisch gemahlener schwarzer Pfeffer

Fetasalat:
300 g Feta
160 g Babyspinat
500 g Kirschtomaten
50 ml Olivenöl
3 EL Himbeer- oder Apfelessig
1 EL frisch gepresster Zitronensaft
1 TL Salz
¼ TL frisch gemahlener schwarzer Pfeffer

SO WIRD'S GEMACHT:
1. Den Lachs in Würfel schneiden, ca. 3 cm x 3 cm. Zucker, Koriander, Chilipulver, Meersalz und Pfeffer vermischen. Den Lachs in der Mischung wenden, auf eingeweichte Grillspieße aus Holz stecken und ca. 5 Minuten ziehen lassen. Den Fisch auf jeder Seite ca. 4 Minuten grillen.
2. Den Feta in kleinere Stücke schneiden oder bröckeln. Abwechselnd mit Spinat und Tomaten auf eine große Platte legen. Öl, Essig, Zitronensaft, Salz und Pfeffer vermengen. Das Dressing über den Salat träufeln und den Salat zum Lachs servieren.

Prosecco mit Melone

Prosecco muss gut gekühlt sein! Sorgen Sie dafür, dass auch die Melone gekühlt ist, dann wird der Drink noch erfrischender.

FÜR 10 PORTIONEN:
1 Stück Wassermelone (500 g)
1 Galiamelone
2 Bio-Limetten
2 Flaschen Schaumwein (à 750 ml), z. B. Prosecco

SO WIRD'S GEMACHT:
1. Die Schale und evtl. die Kerne der Wassermelone entfernen. Die Melone in kleinere Stücke schneiden. Die Galiamelone schälen, entkernen und ebenfalls in kleinere Stücke schneiden.
2. Die Limetten unter lauwarmem Wasser gut abspülen. Die Schale reiben und den Saft auspressen. Die Melone mit Limettenschale und -saft vermengen.
3. Die Melonenstücke in Gläser füllen. Mit gut gekühltem Schaumwein aufgießen und sofort servieren.

Spargel mit cremigen Eiern

Ein typisch italienisches Gericht, das gut vorbereitet und zimmerwarm serviert werden kann.

FÜR 10 PORTIONEN:
600 g weißer Spargel
6 Eier
3 EL Olivenöl
1 TL feines Meersalz
¼ TL frisch gemahlener schwarzer Pfeffer

Zum Garnieren:
essbare Blumen, z. B. Schnittlauchblüten

SO WIRD'S GEMACHT:
1. Den Spargel ca. 3 cm von der Spitze aus schälen. Das holzige Ende abschneiden. Den Spargel in leicht gesalzenem Wasser ca. 5 Minuten kochen. Danach ohne Hitze ca. 5 Minuten ziehen lassen, bis er weich, aber noch bissfest ist.
2. Die Eier in einen Topf geben und mit kaltem Wasser auffüllen. Aufkochen und 4 Minuten köcheln lassen. Die Eier schälen und mit einer Gabel leicht zerdrücken. Öl, Salz und Pfeffer hinzufügen.
3. Den Spargel auf eine Platte legen. Die Eiercreme darüberlöffeln und servieren.

FEST IM SCHREBERGARTEN

Himbeersemifreddo

Semifreddo ist eine italienische Variante von Parfait. Das Eis sollte gefroren, aber in der Mitte noch etwas cremig sein.

FÜR 6 PORTIONEN:
2 Eiweiß
4 EL Zucker
200 ml Schlagsahne
125 g Himbeeren

Außerdem:
125 g Himbeeren

SO WIRD'S GEMACHT:
1. Das Eiweiß schaumig schlagen. Den Zucker hinzufügen und steif schlagen.
2. Die Sahne schlagen und gegen Ende die Himbeeren hinzufügen, sodass sie etwas püriert werden.
3. Die Sahnemischung unter das Eiweiß heben. Die Masse in eine ca. 15 cm x 20 cm große Form geben. Ca. 2 Stunden einfrieren.
4. Das Semifreddo ca. 15 Minuten vor dem Servieren herausnehmen, sodass es etwas weicher wird. Mit Himbeeren servieren.

Gegrilltes mediterranes Brot

Ein schnelles katalanisches Sandwich mit Spargel und Tomaten, das sich einfach auf dem Grill zubereiten lässt.

FÜR 10 PORTIONEN:
500 g grüner Spargel
1 EL + 1 EL Olivenöl
5 Tomaten
10 Scheiben Landbrot, gerne Sauerteigbrot
2 Knoblauchzehen
1 TL feines Meersalz
¼ TL frisch gemahlener schwarzer Pfeffer

SO WIRD'S GEMACHT:
1. Den Spargel putzen und den untersten, holzigen Teil entfernen. Mit 1 EL Öl bestreichen und rundherum 4 bis 5 Minuten grillen.
2. Die ganzen Tomaten ca. 5 Minuten richtig weich grillen. Das Brot auf jeder Seite ca. 3 Minuten grillen.
3. Den Knoblauch schälen und zerdrücken. Das gegrillte Brot auf einer Seite mit Knoblauch und Tomate einreiben. Den Spargel darauflegen. Mit Salz und Pfeffer würzen, mit 1 EL Öl beträufeln und sofort servieren.

Menü für lange Sommerabende

Im Norden Europas wird Ende Juni Mittsommer gefeiert,
in dieser Zeit werden die Nächte dort kaum dunkel, weshalb die
Feiern besonders lang und intensiv sein können. Gegessen wird
dabei selbstverständlich auch. Hier finden Sie ein klassisches
Mittsommermenü mit Raffinesse: Fisch mit verschiedenen
Gemüsen, Eier in grüner Kräutercreme und Fleisch mit
Wurzelgemüse-Béarnaise. Zum Schluss kommt das traditionelle
große Finale: die Erdbeeren! Sie werden auf Biskuitboden mit einer
zarten Schokoladencreme serviert. Wem ist da nicht nach einem
kleinen Mittsommertanz zumute?

6 PERSONEN

—

Grüne Eiercreme

Matjeshering mit jungen Möhren und Zwiebeln

Erdbeerbellini mit Limetten

Gegrilltes Entrecôte mit Wurzelgemüse-Béarnaise

Räucherlachs mit Meerrettich, Kapern und Zitrone

Mandelbiskuits mit weißer Schokoladencreme und Erdbeeren

Grüne Eiercreme

Die Creme passt genauso gut auf Knäckebrot wie zu frisch gekochten neuen Kartoffeln.

FÜR 6 PORTIONEN:
4 Eier
1 Bund Schnittlauch
1 Bund Dill
1 Bund Basilikum
50 g saure Sahne
50 g Mayonnaise
1 TL Weißweinessig
½ TL Salz
½ TL frisch gemahlener schwarzer Pfeffer
40 g Forellenkaviar

SO WIRD'S GEMACHT:
1. Die Eier in einen Topf geben und mit kaltem Wasser auffüllen. Aufkochen und die Eier ca. 8 Minuten köcheln lassen. Mit kaltem Wasser abschrecken, schälen und grob hacken.
2. Schnittlauch, Dill und Basilikum hacken. Kräuter und saure Sahne mit einem Pürierstab zu einer Creme mixen. Mayonnaise und Eier hinzufügen. Mit Essig, Salz und Pfeffer abschmecken. Forellenkaviar darübergeben.

Matjeshering mit jungen Möhren und Zwiebeln

Brot mit Hering ist ein fester Bestandteil jeder Mittsommerfeier. Das Möhrenbett ergibt einen süßlichen Geschmack zu dem salzigen Hering.

FÜR 6 PORTIONEN:
400 g Matjeshering in Stücken
200 g junge Möhren
½ TL Salz
1 rote Zwiebel
1 kleines Bund Schnittlauch
300 g saure Sahne

SO WIRD'S GEMACHT:
1. Die Möhren putzen und in leicht gesalzenem Wasser ca. 3 Minuten kochen. Eventuell der Länge nach halbieren.
2. Den Matjeshering abtropfen lassen. Die Zwiebel schälen und fein hacken. Den Schnittlauch fein hacken.
3. Matjes, rote Zwiebel und Schnittlauch über die Möhren geben. Die saure Sahne darüberlöffeln und servieren.

Erdbeerbellini mit Limetten

Am allerbesten mit richtig kaltem Schaumwein! Das Püree kann mehrere Tage im Voraus vorbereitet und im Kühlschrank aufbewahrt werden.

FÜR 6 PORTIONEN:
12 Erdbeeren
2 Bio-Limetten
½ Bund Minze
1 Flasche Schaumwein (750 ml)

SO WIRD'S GEMACHT:
1. Die Erdbeeren putzen, in einem Topf erhitzen und mit einem Pürierstab zu einem glatten Püree mixen. Abkühlen lassen.
2. Die Limetten gründlich mit lauwarmem Wasser abspülen und in dünne Spalten schneiden.
3. Das Erdbeerpüree in Gläser füllen. Limette hinzufügen und gegen den Rand des Glases pressen. Minzblätter abzupfen und hinzufügen. Mit Schaumwein auffüllen und sofort servieren.

Gegrilltes Entrecôte mit Wurzelgemüse-Béarnaise

Diese Variante von Sauce Béarnaise ist heiß genauso gut wie lauwarm oder kalt. Vergessen Sie nicht, den Grill rechtzeitig anzuheizen – mindestens eine halbe Stunde vor dem Grillen.

FÜR 6 PORTIONEN:
6 Scheiben Entrecôte (à 150 g)
140 g grüne Erbsen, tiefgefroren
250 g Kirschtomaten
1½ TL Salz
½ TL frisch gemahlener schwarzer Pfeffer
3 Zitronen
½ TL feines Meersalz
80 g junge Salatblätter, z. B. Rucola oder Babymangold

Wurzelgemüse-Béarnaise:
400 g Möhren
400 g Pastinaken
1 Zwiebel
1 kleines Bund Estragon
3 EL Weißweinessig
25 g Butter
1 TL Salz
¼ TL frisch gemahlener schwarzer Pfeffer

SO WIRD'S GEMACHT:
1. Möhren und Pastinaken schälen und in kleinere Stücke schneiden. In Salzwasser ca. 20 Minuten weich kochen.
2. Die Zwiebel schälen und fein hacken. Zwiebel und Estragonzweige in Essig und 100 ml Wasser kochen, bis alle Flüssigkeit verdampft ist. Die Estragonzweige herausnehmen und wegwerfen. Die gekochte Zwiebel mit Möhren, Pastinaken und Butter mixen. Mit Salz und Pfeffer würzen.
3. Die Erbsen in leicht gesalzenem Wasser 1 bis 2 Minuten kochen und abtropfen lassen. Die Tomaten halbieren.
4. Das Fleisch mit Salz und Pfeffer würzen und auf jeder Seite ca. 3 Minuten grillen. Die Zitronen gründlich mit lauwarmem Wasser abspülen. Halbieren und mit der Schnittfläche nach unten ca. 3 Minuten grillen. Mit Meersalz bestreuen.
5. Erbsen, Tomaten und Salat zügig vermengen. Das Fleisch mit Salat, Béarnaise und gegrillter Zitrone servieren.

Räucherlachs mit Meerrettich, Kapern und Zitrone

Aromatischer und schnell zuzubereitender Lachs! Rot-weiße Radieschen sind eine Spur milder als rote.

FÜR 6 PORTIONEN:
300 g Räucherlachs in dünnen Scheiben
½ Gurke
8 Radieschen, gerne rot-weiße
3 EL Kapern
1 EL fein geriebener Meerrettich
½ Bio-Zitrone
1 EL Olivenöl
½ Bund Dill

SO WIRD'S GEMACHT:
1. Die Gurke schälen und fein würfeln. Die Radieschen putzen und in dünne Scheiben schneiden.
2. Den Lachs auf eine Platte legen. Mit Gurke, Radieschen, Kapern und Meerrettich bestreuen.
3. Die Zitrone gründlich mit lauwarmem Wasser abspülen. Die gelbe Schale mit einem Kartoffelschäler abschälen und in dünne Streifen schneiden. Den Saft auspressen. Zitronensaft, -schale und Öl vermischen. Das Zitronendressing über den Lachs träufeln und mit gezupften Dillstängeln bestreuen.

Mandelbiskuits mit weißer Schokoladencreme und Erdbeeren

Nehmen Sie den Joghurt zeitig heraus, sodass er nicht allzu kühlschrankkalt ist. Das verringert das Risiko, dass die Creme gerinnt.

FÜR 20 BISKUITS:
300 g Marzipanrohmasse
¼ TL Bittermandelöl
2 Eiweiß + 1 Eiweiß
½ TL rote Lebensmittelfarbe
2 EL + 2 EL Zucker
200 g weiße Schokolade
200 g türkischer Joghurt
1 Bio-Zitrone
500 g Erdbeeren

SO WIRD'S GEMACHT:
1. Den Ofen auf 150 °C vorheizen. Marzipanrohmasse, Bittermandelöl, 2 Eiweiß und Lebensmittelfarbe in einer Küchenmaschine mixen. 1 Eiweiß und 2 EL Zucker steif schlagen. Den Eischnee vorsichtig unter die Marzipanrohmasse heben.
2. Den Teig auf einem Blech mit Backpapier zu Kreisen, Ø ca. 3 cm, spritzen oder löffeln. Auf mittlerer Schiene ca. 20 Minuten backen. Abkühlen lassen.
3. Die Schokolade in der Mikrowelle oder im Wasserbad schmelzen. Den Joghurt zügig untermischen. Die Creme ca. 30 Minuten in den Kühlschrank stellen.
4. Die Zitrone gründlich mit lauwarmem Wasser abspülen. Die Schale reiben und 2 EL Saft auspressen. Die Erdbeeren putzen und halbieren. Erdbeeren, 2 EL Zucker, Zitronenschale und -saft vermengen.
5. Kurz vor dem Servieren Schokoladencreme und Erdbeeren auf die Biskuits geben.

Party auf dem Balkon

Dies ist ein fantastisches Menü für alle, die nicht auf dem Balkon grillen können oder dürfen, aber trotzdem ein bisschen sommerliches Grillgefühl haben wollen. Fleisch wird am Spieß in der Pfanne gebraten und dann in einer guten Marinade mit Zitrone, Knoblauch und Kräutern abgekühlt. Dazu werden Parmesancreme, Knoblauchkartoffeln, französisches Gemüsemus und ein schnelles Brot serviert. Haselnussmousse mit sommerlichen Früchten schließt das Abendessen ab, während die Sonne zwischen den Hausdächern untergeht.

8 PERSONEN

—

Fleischspieße mit Kräutermarinade

Grüne Parmesancreme

Knoblauchkartoffeln mit Feta und Tomaten

Haselnussmousse mit Pfirsich und Erdbeeren

Französisches Gemüsemus

Rosmarinbrot

Fleischspieße mit Kräutermarinade

Auf Stehpartys ist es praktisch, Essen zu haben, das lauwarm oder kalt serviert werden kann. Diese Spieße können am Vortag zubereitet werden und über Nacht in der Marinade liegen.

FÜR 8 PORTIONEN:
1,2 kg Rinderlende
2 TL Salz
½ TL frisch gemahlener schwarzer Pfeffer
2 EL Butter
2 EL + 1 EL Olivenöl
1 Bund Thymian
½ Bund Rosmarin
½ Zwiebel
1 Knoblauchzehe
3 EL frisch gepresster Zitronensaft

Außerdem:
Zitronenspalten

SO WIRD'S GEMACHT:
1. Das Fleisch von Sehnen und Häuten befreien und in Würfel schneiden, ca. 3 cm x 3 cm. Auf eingeweichte Grillspieße aus Holz stecken und mit Salz und Pfeffer würzen.
2. Die Spieße in Butter und 2 EL Öl rundherum 5 bis 6 Minuten braten.
3. Thymian und Rosmarin zupfen und fein hacken. Zwiebel und Knoblauch schälen und fein hacken. Kräuter, Zwiebel, Knoblauch, Zitronensaft und 1 EL Öl vermischen. Die Mischung über die Spieße gießen und im Kühlschrank ca. 30 Minuten marinieren.
4. Die Spieße mit Zitronenspalten servieren.

Grüne Parmesancreme

Eine schnelle und leckere Creme, die zu vielem passt. Das Basilikum kann auch durch andere Kräuter ersetzt werden, z. B. Estragon, Petersilie oder Thymian.

FÜR 8 PORTIONEN:
30 g Parmesan
1 Bund Basilikum
250 g Quark, 10 % Fettgehalt
½ TL Salz
¼ TL frisch gemahlener schwarzer Pfeffer

Zum Garnieren:
Olivenöl

SO WIRD'S GEMACHT:
1. Den Parmesan fein reiben. Die Basilikumblätter abzupfen.
2. Käse, Basilikum und Quark mit einem Pürierstab mixen. Mit Salz und Pfeffer würzen und mit Öl beträufeln.

Knoblauch-kartoffeln mit Feta und Tomaten

Die gebackenen neuen Kartoffeln schmecken sowohl warm als auch kalt.

FÜR 8 PORTIONEN:
800 g neue Kartoffeln
5 Knoblauchzehen
½ Bund Rosmarin
1 EL + 1 EL Olivenöl
1 TL feines Meersalz
½ TL frisch gemahlener schwarzer Pfeffer
250 g Kirschtomaten
200 g Feta
80 g Rucola

SO WIRD'S GEMACHT:
1. Den Ofen auf 225 °C vorheizen. Die Knoblauchzehen mit Schale zerdrücken. Den Rosmarin abzupfen.
2. Kartoffeln schrubben. Auf einem Blech mit Knoblauch, Rosmarin und 1 EL Öl vermengen. Salzen, Pfeffern.
3. Auf mittlerer Schiene ca. 30 Minuten rösten.
4. Tomaten halbieren. Käse zerbröckeln.
5. Kartoffeln mit Tomaten, Käse und Rucola bestreuen. Mit 1 EL Öl beträufeln.

PARTY AUF DEM BALKON

Haselnussmousse mit Pfirsich und Erdbeeren

Haselnüsse können Sie einfach selbst ca. 2 Minuten in einer heißen, trockenen Pfanne rösten.

FÜR 8 PORTIONEN:
250 g Sahne
1 Päckchen Vanillezucker
75 g Haselnusscreme
100 g dunkle Schokolade
1 Dose eingelegte Pfirsiche (420 g)
250 g Erdbeeren, geputzt
65 g geröstete Haselnüsse

SO WIRD'S GEMACHT:
1. Die Sahne mit dem Vanillezucker leicht schlagen. Die Haselnusscreme hinzufügen und alles zu einer dicken Masse schlagen.
2. Die Schokolade hacken und in der Mikrowelle oder im Wasserbad schmelzen.
3. Die Schokolade unter die Haselnussmasse heben. Die Mousse in Gläser füllen.
4. Die Pfirsiche abtropfen lassen und in Stücke schneiden. Die Erdbeeren putzen und in Scheiben schneiden. Die Nüsse hacken. Alles auf die Mousse geben und servieren.

Französisches Gemüsemus

Machen Sie am besten eine große Portion und verwenden Sie es als Brotaufstrich oder als Beilage. Hält sich ca. 1 Woche im Kühlschrank.

FÜR 8 PORTIONEN:
1 kleine Zucchini
1 kleine Aubergine
1 rote Paprikaschote, entkernt
1 Zwiebel
2 Knoblauchzehen
2 EL Olivenöl
1 Dose gehackte Tomaten (400 g)
½ TL Thymian
1 TL Salz
½ TL frisch gemahlener schwarzer Pfeffer

SO WIRD'S GEMACHT:
1. Zucchini, Paprika und Aubergine fein würfeln. Zwiebel und Knoblauch schälen und fein hacken.
2. Gemüse, Zwiebel und Knoblauch ca. 3 Minuten in Öl anbraten.
3. Gehackte Tomaten, Thymian, Salz und Pfeffer hinzufügen. Offen zu einem festen Brei einköcheln lassen, ca. 10 Minuten.
4. Das Mus warm oder kalt servieren.

Rosmarinbrot

Sehr einfach – fertigen Teig ausrollen, würzen und backen!

FÜR 2 BROTE:
2 Rollen fertiger Pizzateig (à 260 g)
3 EL Olivenöl
1 kleines Bund Rosmarin
1 TL feines Meersalz
½ TL frisch gemahlener schwarzer Pfeffer

SO WIRD'S GEMACHT:
1. Den Ofen auf 225 °C vorheizen. Die Pizzaböden auf Blechen mit Backpapier ausrollen und mit Öl bestreichen. Den Rosmarin zupfen und darüberstreuen. Mit Salz und Pfeffer würzen.
2. Die Böden nacheinander auf mittlerer Schiene ca. 20 Minuten backen, bis das Brot goldbraun ist. In Stücke schneiden und servieren.

Aromatisches Sommerbuffet

Von diesem Buffet werden 20 Personen satt, die Mengen lassen sich aber auch einfach verdoppeln oder verdreifachen, wenn richtig viele Gäste kommen. Damit ist das Sommerbuffet perfekt für eine Abiturfeier oder einen runden Geburtstag. Wenn sich viele Gäste bedienen sollen, ist es empfehlenswert, die Gerichte bereits vorher in Stücke oder Scheiben zu schneiden, wie zum Beispiel Lachs oder Hühnchen. So sieht das Buffet auch für später eintreffende Gäste noch frisch aus.

20 PERSONEN

—

Lachswürfel mit Kräutercreme

Krabbenröllchen mit kandierten Zitronen

Gepökeltes Hühnchen mit mariniertem Spargel

Knäckebrot mit Dinkel und Buchweizen

Gemüsesalat mit Zitronenkartoffeln

Spargelfladen mit Käse

Vanillemousse mit Rhabarberkompott und Mandelcrunch

Lachswürfel mit Kräutercreme

Schmeckt auch wunderbar zu gegrilltem Hühnchen oder Meeresfrüchten.

FÜR 20 PORTIONEN:
2 kg Lachsfilet mit Haut
1 Zwiebel
70 g Salz
45 g Zucker
1 TL frisch gemahlener schwarzer Pfeffer
2 Lorbeerblätter

Kräutercreme:
500 g Quark (10 % Fettgehalt)
400 g Frischkäse
2 Bund Basilikum
2 Bund Schnittlauch
2 TL frisch gepresster Zitronensaft
2 TL Salz
½ TL schwarzer Pfeffer

Zum Garnieren:
1 Schachtel Kresse
frisch gemahlener schwarzer Pfeffer

SO WIRD'S GEMACHT:
1. Den Lachs von Haut und Gräten befreien und in ca. 3 cm x 3 cm große Würfel schneiden. Die Würfel dicht zusammen in eine Form legen.
2. Die Zwiebeln schälen und in Spalten schneiden. 2 Liter Wasser mit Zwiebeln, Salz, Zucker, Pfeffer und Lorbeerblättern aufkochen. Den kochenden Sud über den Lachs gießen und abkühlen lassen.
3. Quark, Frischkäse, Basilikum und Schnittlauch in einer Küchenmaschine zu einer glatten, grünen Creme mixen. Mit Zitronensaft, Salz, Pfeffer abschmecken. Die Hälfte in einen Spritzbeutel und den Rest in eine Schüssel geben.
4. Lachs abtropfen lassen und auf einer Platte anrichten. Einen Klecks Kräutercreme auf jeden Würfel geben. Mit Kresse und Pfeffer garnieren. Mit der übrigen Creme servieren.

Krabbenröllchen mit kandierten Zitronen

Kandierte Zitronen (die gut im Voraus gemacht werden können) geben den Röllchen einen besonderen Pfiff.

FÜR 60 RÖLLCHEN:
2 kg ungeschälte Krabben
2 Bund Dill
400 g Frischkäse
1½ TL Salz
½ TL frisch gemahlener schwarzer Pfeffer
200 g Maränen- oder Lavaret-Kaviar
5 rechteckige Tortillafladen

Kandierte Zitronen:
2 Bio-Zitronen
2 EL Zucker
1 EL Salz

Zum Garnieren:
Dillstängel

SO WIRD'S GEMACHT:
1. Den Ofen auf 275 °C vorheizen. Die Zitronen gründlich mit lauwarmem Wasser abspülen. Halbieren und mit der Schnittfläche nach oben in eine ofenfeste Form legen. Auf oberster Schiene ca. 40 Minuten im Ofen backen, bis sie gut Farbe bekommen haben. Herausnehmen und etwas abkühlen lassen. In sehr kleine Würfel schneiden. Das Verbrannte und die Schale nicht entfernen. Die Zitronen mit Salz und Zucker vermischen und ganz auskühlen lassen.
2. Krabben schälen und grob hacken. Dill hacken und mit dem Frischkäse vermischen. Die Krabben hinzufügen, salzen und pfeffern. Kaviar vorsichtig unterheben.
3. Die Mischung auf den Fladen verteilen. Zusammenrollen und in ca. 2 cm breite Stücke schneiden. Auf eine Platte legen und die Zitronen darauf verteilen. Mit frischem Dill garnieren und servieren.

AROMATISCHES SOMMERBUFFET

Gepökeltes Hühnchen mit mariniertem Spargel

Ein leckeres süßliches Senfdressing passt perfekt zu weißem Spargel.

FÜR 20 PORTIONEN:
2 kg Hühnerfilet
140 g Salz
50 g Butter
1 TL frisch gemahlener schwarzer Pfeffer

Spargel:
1 kg weißer Spargel
55 g Dijon-Senf
50 ml Honig
50 ml Weißweinessig
300 ml Rapsöl
1 TL Salz
½ TL frisch gemahlener schwarzer Pfeffer
2 Bund Estragon

SO WIRD'S GEMACHT:
1. Das Salz in 750 ml Wasser geben und rühren, bis es sich aufgelöst hat. Das Hühnchen hineinlegen und ca. 4 Stunden im Kühlschrank stehen lassen.
2. Den Ofen auf 150 °C vorheizen. Die Hühnchenfilets kurz mit kaltem Wasser abspülen und mit Küchenpapier trocken tupfen. In einer Pfanne auf jeder Seite ca. 3 Minuten in Butter braten. Mit Pfeffer würzen. Das Hühnchen in einen Bräter geben. In der Mitte des Ofens ca. 30 Minuten braten, bis die Innentemperatur 68 °C beträgt. Abkühlen lassen.
3. Den Spargel schälen und das unterste, holzige Ende abschneiden. In leicht gesalzenem Wasser ca. 5 Minuten kochen. Den Topf von der Platte nehmen und den Spargel im Sud ca. 5 Minuten ziehen lassen – er sollte weich sein, aber noch etwas Biss haben. Kurz mit kaltem Wasser abschrecken und abtropfen lassen. Den Spargel in ca. 3 cm lange Stücke schneiden.
4. Senf, Honig und Essig miteinander verquirlen. Das Öl hinzufügen. Mit Salz und Pfeffer würzen. Die Estragonblätter abzupfen und fein hacken. Ein paar ganze Blättchen zum Garnieren aufheben. Estragon und Spargel mit dem Dressing vermischen.
5. Das Hühnchen in Scheiben schneiden und auf eine Platte legen. Den Spargel mit dem Dressing darübergeben und mit Estragonblättern garnieren.

Knäckebrot mit Dinkel und Buchweizen

Knusprige Quadrate mit dem leckeren Geschmack von Roggen, Dinkel und Buchweizen. Sehr preiswerte Alternative zu edlerem Knäckebrot aus dem Laden.

FÜR CA. 60 STÜCK:
25 g Hefe
1 EL Rapsöl
2 TL flüssiger Honig
1 TL Salz
190 g grobes Roggenmehl
180 g Dinkelvollkornmehl

Außerdem:
110 g grobes Roggenmehl
150 g ganze Buchweizenkörner
65 g Leinsamen
2 EL feines Meersalz

SO WIRD'S GEMACHT:
1. Hefe in eine Schüssel bröckeln. 300 ml Wasser auf 37 °C anwärmen. Über die Hefe gießen und rühren, bis sie sich aufgelöst hat. Öl, Honig, Salz, Roggenmehl und Dinkelmehl hinzufügen. Zu einem geschmeidigen Teig verarbeiten. Den Teig in zwei Teile teilen und zugedeckt ca. 40 Minuten auf der bemehlten Arbeitsfläche gehen lassen.
2. Den Ofen auf 225 °C vorheizen. Jedes Teigstück in vier Teile teilen und nacheinander auf einer gut bemehlten Arbeitsfläche ausrollen. Jeden Teil mit ca. 2 EL Buchweizen, ca. 1 EL Leinsamen und ca. ½ TL Salz bestreuen. Den Teig weiter dünn ausrollen, sodass der Buchweizen zerstoßen wird. In 4 cm x 4 cm große Quadrate oder 15 cm x 4 cm große Sticks schneiden. Die Vierecke auf Bleche mit Backpapier legen und auf mittlerer Schiene 6 bis 8 Minuten backen, bis sie am Rand etwas Farbe bekommen. Auf einem Rost abkühlen lassen.

Gemüsesalat mit Zitronenkartoffeln

Egal, welche Temperaturen draußen herrschen – dieser Salat sorgt für ein sommerliches Gefühl.

FÜR 20 PORTIONEN:
2 kg neue Kartoffeln
2 Bio-Zitronen
200 ml Olivenöl
1 EL Salz
1 TL frisch gemahlener schwarzer Pfeffer
750 g Möhren
300 g Zuckererbsen
3 Bund Radieschen (à 50 g)
100 g Rucola

SO WIRD'S GEMACHT:
1. Die Kartoffeln schrubben und in leicht gesalzenem Wasser weich kochen. Die Zitronen gründlich mit lauwarmem Wasser abspülen. Die Schale abreiben und den Saft auspressen. Zitronenschale und -saft mit Öl, Salz und Pfeffer vermengen. Die Kartoffeln abtropfen lassen und halbieren. Das Zitronendressing darübergießen und die Kartoffeln abkühlen lassen.
2. Die Möhren schälen und etwas schräg in Stücke schneiden. In leicht gesalzenem Wasser ca. 3 Minuten bissfest kochen. Die Zuckererbsen ca. 1 Minute mitkochen. Kurz mit kaltem Wasser abschrecken und abtropfen lassen.
3. Die Radieschen putzen und halbieren. Möhren, Zuckererbsen, Radieschen und Rucola mit den Kartoffeln vermengen.

Spargelfladen mit Käse

Der Fladen ist dank Käse und knusprig gebratenem Bacon besonders herzhaft. Lauwarm schmeckt er am allerbesten.

FÜR 20 PORTIONEN:
500 g grüner Spargel
2 Rollen Blätterteig aus dem Kühlregal (à 250 g)
200 g Käse (Parmesan oder alter Gouda)
4 Eier
400 ml Kochsahne
2 TL Salz
½ TL frisch gemahlener schwarzer Pfeffer
280 g Bacon, gewürfelt

SO WIRD'S GEMACHT:
1. Den Ofen auf 225 °C vorheizen. Den Spargel abspülen und das unterste, holzige Ende entfernen. In leicht gesalzenem Wasser ca. 5 Minuten kochen, bis er weich, aber immer noch fest ist. Kurz mit kaltem Wasser abschrecken und abtropfen lassen.
2. Den Blätterteig auf Backpapier ausrollen. In eine Form drücken, ca. 15 cm x 40 cm. Den Teig an den Rändern festdrücken.
3. Den Käse reiben und mit Ei, Sahne, Salz und Pfeffer vermengen. Die Hälfte des Spargels auf den Blätterteig legen und die Hälfte der Käsemasse darüberlöffeln. Auf mittlerer Schiene ca. 20 Minuten backen. Mit dem anderen Blätterteig, dem restlichen Spargel und der übrigen Käsemasse genauso verfahren.
4. Den Bacon in feine Streifen schneiden. In einer Pfanne knusprig braten. Auf Küchenpapier abtropfen lassen. Die beiden Fladen mit Bacon bestreuen und lauwarm servieren.

AROMATISCHES SOMMERBUFFET

Vanillemousse mit Rhabarberkompott und Mandelcrunch

Ein mildes, sommerliches Dessert, das man gut vorbereiten kann. Übrig gebliebener Crunch passt auch gut zu Eis und Sorbet.

FÜR 20 PORTIONEN:
750 ml Schlagsahne
250 g weiße Schokolade
2 Vanillestangen

Kompott:
1250 g Rhabarber
210 g Zucker
2 Bio-Limetten

Crunch:
150 g Weizenmehl
125 g Butter
100 g Zucker
½ TL Salz
50 g Mandelsplitter

SO WIRD'S GEMACHT:
1. Die Sahne in einem Topf aufkochen. Die Schokolade in kleinere Stücke brechen. Die Sahne darübergießen und rühren, bis die Schokolade geschmolzen ist. Die Vanillestange halbieren und das Mark herauskratzen. Das Mark in die Schokoladenmasse rühren und ca. 1 Stunde in den Kühlschrank stellen.
2. Den Rhabarber putzen und in ca. 2 cm breite Stücke schneiden. In einen Topf geben und Zucker hinzufügen. Die Limetten gründlich mit lauwarmem Wasser abspülen. Die Schale reiben und den Saft auspressen. Den Limettensaft in den Rhabarber einrühren. Ohne Deckel ca. 10 Minuten kochen lassen. Die Limettenschale einrühren und das Kompott abkühlen lassen.
3. Den Ofen auf 225 °C vorheizen. Mehl, Butter, Zucker und Salz vermischen. Die Mischung auf ein Blech mit Backpapier krümeln. Die Mandeln darüberstreuen und die Mischung auf mittlerer Schiene ca. 10 Minuten goldbraun rösten. Zwischendurch ein paarmal umrühren. Abkühlen lassen.
4. Die Vanillemousse mit einem Rührgerät fluffig schlagen und in Gläsern verteilen. Rhabarberkompott darübergeben. Kurz vor dem Servieren mit Crunch bestreuen.

Prickelndes in der Laube

Man muss nicht immer nur abends feiern. Und man muss dabei auch nicht immer Unmengen essen. Hier werden ein paar leckere kleine Gerichte serviert, sowohl salzig als auch süß, die vormittags genauso gut passen wie nachmittags. Schaumwein – oder eine der vielen alkoholfreien Alternativen – können Sie zu jeder Tageszeit servieren.

6 PERSONEN

—

Gourmet-Baguette

Lachstatar mit Avocadocreme und Roggencroûtons

Rosa Prickeldrink

Poffertjes (Holländische Minipfannkuchen) mit Erdbeeren und geschlagener Sahne

Melonen-Granatapfel-Salat mit Kokos und Limettenblättersirup

Gourmet-Baguette

Ein besonders luxuriös belegtes Brot mit Entenlebermousse und Bresaola.

FÜR 12 BAGUETTESCHEIBEN:
1 großes Sauerteigbaguette
1 kleine rote Zwiebel
2 gegrillte Paprika aus dem Glas
100 g Entenlebermousse
6 Scheiben Bresaola
1 EL gehackter Thymian
10 g Basilikumblätter
1 TL feines Meersalz
½ TL frisch gemahlener schwarzer Pfeffer
2 TL Olivenöl

SO WIRD'S GEMACHT:
1. Das Brot in zwölf schräge Scheiben schneiden und auf eine Platte legen.
2. Die Zwiebel in dünne Scheiben schneiden, gerne mit einem Gemüsehobel. Ca. 5 Minuten in eiskaltes Wasser legen. Abtropfen lassen und mit Küchenpapier etwas trocken tupfen. Die Paprika in grobe Stücke schneiden.
3. Die Brotscheiben mit Entenlebermousse bestreichen. Mit halbierten Bresaolascheiben, Zwiebeln und Paprika belegen. Thymian, Basilikum, Salz und Pfeffer darüberstreuen. Mit Öl beträufeln und servieren.

Lachstatar mit Avocadocreme und Roggencroûtons

Die knusprigen Croûtons bilden einen feinen Kontrast zu der weichen Avocadocreme.

FÜR 6 PORTIONEN:
300 g Lachsfilet ohne Haut und Knochen, das 3 Tage eingefroren war
250 g Räucherlachs im Stück
1 EL grobkörniger süßscharfer Senf
¼ TL Salz
1 Prise frisch gemahlener schwarzer Pfeffer
3 Scheiben Roggenbrot
1 EL Butter

Avocadocreme:
2 Avocados
2 TL frisch gepresster Zitronensaft
2 EL Mayonnaise
2 EL türkischer Joghurt
½ TL Salz
¼ TL frisch gemahlener schwarzer Pfeffer

Außerdem:
½ Zitrone
1 Bund Brunnenkresse
1 TL Rapsöl
½ TL feines Meersalz

SO WIRD'S GEMACHT:
1. Beide Lachssorten in sehr kleine Würfel schneiden. Mit Senf, Salz und Pfeffer vermengen.
2. Die Avocados halbieren und entkernen. Das Fruchtfleisch herauslöffeln. Avocado, Zitronensaft, Mayonnaise, Joghurt, Salz und Pfeffer zusammenmixen. Die Creme in den Kühlschrank stellen.
3. Die Rinde des Brotes entfernen und die Scheiben in sehr kleine Würfel schneiden. Die Würfel in einer Pfanne in Butter braten, bis sie Farbe bekommen und knusprig sind.
4. Aus dem Lachstatar sechs Eier formen und auf Tellern verteilen. Einen Klecks Avocadocreme auf jeden Teller geben und einen kleinen Teelöffel hindurchziehen, sodass der Klecks einen Tropfen bildet. Mit Brotcroûtons bestreuen. Die Zitrone in kleine Stücke schneiden. Zitronenstücke und Brunnenkresse auf das Tatar legen. Mit Öl beträufeln und mit Meersalz bestreuen.

Rosa Prickeldrink

Dies ist ein Drink mit geringem Alkoholgehalt, der vor allem dann passt, wenn das Menü am Vormittag serviert wird.

FÜR 1 GLAS:
150 ml Schaumwein, gerne Rosé
100 ml Granatapfelsaft
½ EL Grenadine
Eiswürfel

SO WIRD'S GEMACHT:
1. Ein paar Eiswürfel ins Glas geben. Granatapfelsaft und Grenadine darüber gießen.
2. Kurz vor dem Servieren den Schaumwein dazugießen.

Poffertjes (Holländische Minipfannkuchen) mit Erdbeeren und geschlagener Sahne

Für diese leicht säuerlichen holländischen Minipfannkuchen brauchen Sie eine Spezialpfanne.

FÜR CA. 20 PFANNKUCHEN:
350 ml Milch
50 g + 25 g Butter
1 TL Hefe
180 g Weizenmehl
½ TL Salz

Außerdem:
Erdbeeren
Puderzucker
leicht geschlagene Sahne

SO WIRD'S GEMACHT:
1. Die Milch auf 37 °C anwärmen. 50 g Butter hinzufügen und rühren, bis sie geschmolzen ist. Die Hefe in eine Schüssel bröckeln. Ein wenig Milchmischung dazugeben und rühren, bis die Hefe sich aufgelöst hat. Milch hinzufügen.
2. Mehl und Salz vermischen. Die Milchmischung hinzufügen und zu einem gleichmäßigen Teig schlagen. Den Teig mit einem Handtuch bedecken und an einem warmen Ort ca. 1 Stunde gehen lassen.
3. Eine Poffertjespfanne mit 25 g Butter einfetten und mit Teig füllen. Beide Seiten goldbraun braten, jeweils ca. 3 Minuten.
4. Die Poffertjes mit halbierten Erdbeeren, reichlich Puderzucker und leicht geschlagener Sahne servieren.

Melonen-Granatapfel-Salat mit Kokos und Limettenblättersirup

Die Säure des Granatapfels ist der perfekte Gegenpart zu der süßen Melone.

FÜR 6 PORTIONEN:
1 Kokosnuss
1 Granatapfel
1,5 kg Wassermelone

Limettenblättersirup:
3 Kaffirlimettenblätter
125 g Zucker

Zum Garnieren:
Minze

SO WIRD'S GEMACHT:
1. 200 ml Wasser mit den Limettenblättern aufkochen. Den Topf vom Herd nehmen und ca. 5 Minuten ziehen lassen. Den Zucker hinzufügen und den Sirup ca. 5 Minuten einkochen lassen.
2. Die Kokosnuss öffnen und das Fruchtfleisch herausholen. In dünne Scheiben schneiden. Den Granatapfel halbieren und die Kerne herausholen. Das geht am einfachsten, wenn man die Hälften in kaltes Wasser legt und die Schale ausstülpt, dann fallen die Kerne heraus und es spritzt weniger. Die Melone halbieren, die Kerne entfernen und mit einem Löffel Stücke herausholen.
3. Früchte und Kokosnuss in kleinen Schälchen aufschichten. Mit Limettenblättersirup beträufeln und mit Minze garnieren.

Tipp! Die beste Art, eine Kokosnuss zu öffnen, ist, mit einem Hammer daraufzuschlagen.

PRICKELNDES IN DER LAUBE

Feiern Sie den Ferienbeginn!

Wenn man sich ein Jahr lang durch Hausaufgaben, Unterricht und frühes Aufstehen gekämpft hat, hat man es verdient, richtig zu feiern, wenn die Schule zu Ende geht. Hier werden Klassiker serviert, mit ein paar neuen Geschmacksnoten und Varianten. Wie steht es mit Minihotdogs und Salsa Verde, Miniburgern mit Cheddar-Dip und Mandeltorte mit Erdbeeren? Es darf ordentlich reingehauen werden – jetzt kommen viele Wochen mit Sonne, Baden und warmen Abenden!

8 PERSONEN

—

Gegrillte Miniburger mit Cheddarcreme und Bacon

Gegrillte Minihotdogs mit Salsa Verde

Tomaten und Mozzarella mit Zitronen-Basilikum-Öl

Räucherlachs-Gurken-Spieße mit Limetten-Basilikum-Dip

Garnelen-Apfel-Rollen

Neue Kartoffeln mit Feta-Minz-Dip

Mandeltorte mit Erdbeeren und Limettensahne

Gegrillte Miniburger mit Cheddarcreme und Bacon

Hier wird das traditionelle Hamburgerbrot durch kleinere Stücke von leckerem Focaccia ersetzt. Der Inhalt kann nach Lust und Laune kombiniert werden.

FÜR 8 PORTIONEN:
300 g Rinderhackfleisch
1 EL Dijon-Senf
¾ TL Salz
¼ TL frisch gemahlener schwarzer Pfeffer

Cheddarcreme:
75 g Cheddar
100 g Crème fraîche
¼ TL Salz

Außerdem:
4 Kirschtomaten
1 kleine rote Zwiebel
4 Scheiben Bacon, gerne dicke Scheiben
1 Focaccia (ca. 10 cm x 20 cm)

SO WIRD'S GEMACHT:
1. Das Hackfleisch mit Senf, 2 TL Wasser, Salz und Pfeffer vermengen und zu acht Minihamburgern formen.
2. Den Käse reiben. Die Crème fraîche unter Rühren aufkochen. Den Käse einrühren, bis er geschmolzen ist, und mit Salz abschmecken. Die Creme abkühlen lassen.
3. Die Tomaten in Scheiben schneiden. Die Zwiebel schälen und in dünne Scheiben schneiden.
4. Die Hamburger auf dem Grill oder in der Grillpfanne auf jeder Seite ca. 3 Minuten grillen. Die Baconscheiben halbieren und knusprig grillen. Das Focaccia in Quadrate schneiden (ca. 5 cm x 5 cm). Die Brotstücke aufschneiden und leicht angrillen.
5. Auf die Böden der Brote je einen Klecks Cheddarcreme geben und mit Hamburger, Tomatenscheiben, Zwiebeln und Bacon belegen. Die Brotdeckel darauflegen und servieren.

FEIERN SIE DEN FERIENBEGINN!

Gegrillte Minihotdogs mit Salsa Verde

Übrig gebliebene Hotdog-Brötchen lassen sich gut einfrieren. Die Salsa Verde kann man auch zu Salat, Fisch oder Meeresfrüchten servieren.

FÜR 8 PORTIONEN:
8 Miniwürstchen

Hotdog-Brötchen, 24 Stück:
35 g Hefe
250 ml Milch
360 g Weizenmehl
½ TL Salz
½ TL Zucker
50 g Butter, zimmerwarm

Salsa Verde, ca. 200 ml:
1 TL frisch gepresster Limettensaft
1 TL Dijon-Senf
2 Eigelb
1 EL gehackter Koriander
½ EL gehackter Schnittlauch
1–2 Knoblauchzehen
75 ml Olivenöl
75 ml Rapsöl
½ TL Salz

SO WIRD'S GEMACHT:
1. Die Hefe in eine Schüssel bröckeln. Die Milch auf Körpertemperatur, 37 °C, anwärmen und über die Hefe gießen. Rühren, bis die Hefe sich aufgelöst hat. Mehl, Salz und Zucker hinzufügen und den Teig ca. 5 Minuten kräftig bearbeiten. Die Butter stückweise dazugeben, weitere ca. 5 Minuten bearbeiten. Den Teig bedeckt ca. 30 Minuten gehen lassen.
2. Den Teig in 24 Stücke teilen. Die Stücke zu runden Brötchen formen und dann zu länglichen Hotdog-Brötchen rollen. Auf ein Blech mit Backpapier legen und ca. 1 Stunde bis zur doppelten Größe gehen lassen.
3. Den Ofen auf 225 °C vorheizen. Die Brötchen mit Wasser besprühen und auf mittlerer Schiene ca. 10 Minuten backen, bis sie eine schöne Farbe haben. Zugedeckt auf einem Rost abkühlen lassen.
4. Limettensaft, Senf und Eigelb verquirlen. Kräuter sowie geschälten und gepressten Knoblauch hinzufügen und weiterschlagen. Das Öl tropfenweise hinzufügen und zu einer glatten, dicken Sauce schlagen.
5. Die Würstchen auf dem Grill oder in der Grillpfanne grillen, bis sie eine schöne Farbe haben. Die Hotdog-Brötchen einschneiden und die Würstchen hineinlegen. Salsa daraufgeben.

Tomaten und Mozzarella mit Zitronen-Basilikum-Öl

Eine einfache, hübsche Variante von Caprese, bei der Zitrone und Knoblauch eine besonders leckere Geschmackskombination bilden.

FÜR 8 PORTIONEN:
150 g Kirschtomaten, gerne in verschiedenen Farben
125 g Mini-Mozzarellakugeln
½ Bio-Zitrone
1 Knoblauchzehe
50 ml Olivenöl
½ Bund Basilikum
¾ TL feines Meersalz

SO WIRD'S GEMACHT:
1. Zitronen gründlich mit lauwarmem Wasser abspülen, Schale dünn reiben. Knoblauch schälen und mit Zitronenschale, Öl und Basilikum mit einem Pürierstab zu grünem Öl mixen.
2. Eine Platte mit dem Öl bestreichen und Tomaten und Mozzarella darauflegen. Mit Meersalz bestreuen und servieren.

Räucherlachs-Gurken-Spieße mit Limetten-Basilikum-Dip

Kalte, frische Spieße, die man wunderbar im Voraus fertigmachen kann.

FÜR 8 PORTIONEN:
150 g Räucherlachs am Stück
1 Stück Gurke (ca. 10 cm)

Dip:
1 Bio-Limette
200 g Crème fraîche
2 EL Basilikum, in feine Streifen geschnitten
½ TL Salz

Zum Garnieren:
30 g Erbsensprossen

SO WIRD'S GEMACHT:
1. Die Gurke schälen. Gurke und Lachs in ca. 1 cm x 1 cm große Würfel schneiden und abwechselnd auf kleine Grillspieße stecken.
2. Die Limette gründlich mit lauwarmem Wasser abspülen. Die Schale fein reiben und 1 EL Saft auspressen. Limettenschale und -saft mit Crème fraîche, Basilikum und Salz vermischen.
3. Die Spieße auf eine Platte legen und mit Erbsensprossen bestreuen. Den Dip daneben in einer Schüssel servieren.

Garnelen-Apfel-Rollen

Garnelen und Apfel sind eine etwas ungewöhnliche, aber sehr leckere Kombination.

FÜR 8 PORTIONEN:
4 rechteckige, weiche Tortillafladen
300 g geschälte Garnelen
2 Frühlingszwiebeln
½ Apfel
150 g Mayonnaise
50 g Crème fraîche
½ TL Salz
8 Salatblätter

Zum Garnieren:
30 g junge Salatblätter

SO WIRD'S GEMACHT:
1. Die Garnelen hacken. Die Frühlingszwiebeln putzen und in feine Ringe schneiden. Den Apfel entkernen und fein würfeln. Garnelen, Zwiebeln und Apfel mit Mayonnaise und Crème fraîche vermischen. Mit Salz abschmecken.
2. Die Brotfladen auslegen und die Salatblätter darauflegen. Die Garnelenmasse auf dem Salat verteilen und die Fladen zusammenrollen. Die Rollen in Frischhaltefolie einwickeln und vor dem Servieren ca. 30 Minuten im Kühlschrank liegen lassen.
3. Die Rollen jeweils in vier Stücke schneiden. Auf eine Platte legen und mit jungen Salatblättern garnieren.

Neue Kartoffeln mit Feta-Minz-Dip

Leckeres Fingerfood, bei dem die neuen Kartoffeln durch den Joghurt-Dip noch besser zur Geltung kommen.

FÜR 8 PORTIONEN:
16 kleine neue Kartoffeln
1 Dillzweig
150 g Feta
200 g türkischer Joghurt
2 EL fein gehackte Minze
½ TL Salz

Zum Garnieren:
Minzblätter

SO WIRD'S GEMACHT:
1. Gut gesalzenes Wasser in einem Topf aufkochen. Die Kartoffeln gründlich schrubben und ins kochende Wasser geben. Wenn das Wasser die Kartoffeln ganz bedeckt, ein wenig abgießen, sodass sie etwas herausgucken, und dann den Dill hineinlegen. Die Kartoffeln bei geschlossenem Deckel weich kochen. Das Wasser abgießen und die Kartoffeln ausdampfen lassen.
2. Den Feta in den Joghurt bröckeln und mit Minze und Salz vermischen.
3. 16 kleine Kleckse Feta-Minz-Dip auf eine Platte geben und die Kartoffeln daraufsetzen. In jede Kartoffel einen Zahnstocher stecken und mit Minzblättern garnieren. Den restlichen Dip in einer Schale dazu servieren.

Mandeltorte mit Erdbeeren und Limettensahne

Diese leckere Torte passt auf jedes sommerliche Buffet.

FÜR 8 PORTIONEN:
1 + 1 Bio-Limette
300 g Marzipanrohmasse
150 g zimmerwarme Butter
3 Eier
4 EL Weizenmehl
200 ml Schlagsahne
1 EL Puderzucker
750 g Erdbeeren

SO WIRD'S GEMACHT:
1. Den Ofen auf 175 °C vorheizen. Die eine Limette gründlich mit lauwarmem Wasser abspülen und die Schale reiben. Die Marzipanrohmasse reiben und mit Limettenschale und Butter vermengen. Die Eier nacheinander hinzufügen. Das Mehl hineinsieben und und alles zu einem gleichmäßigen Teig verrühren. Den Teig in eine gefettete, mit Semmelbröseln ausgestreute Springform geben, Ø ca. 24 cm.
2. Den Kuchen auf mittlerer Schiene 20 bis 25 Minuten backen. Abkühlen lassen.
3. Die andere Limette gründlich mit lauwarmem Wasser abspülen und die Schale reiben. 1 TL Saft auspressen. Die Sahne zusammen mit Limettenschale, Limettensaft und Puderzucker steif schlagen und auf den Kuchen streichen. Die Erdbeeren putzen und kurz vor dem Servieren auf die Torte legen.

Rosébuffet

Roséwein, mit oder ohne Alkohol, gehört zum Sommer. Kühl und hübsch rosa passt er sowohl zu Fisch, Hühnchen und vegetarischen Gerichten als auch zu Fingerfood. Zum Beispiel hier, wo sowohl schnelle als auch etwas avanciertere kleine Gerichte serviert werden, wie z. B. gebeizter Saibling, eine Platte mit ausgesuchten Schinken- und Salamisorten und gutem Käse zu saftigem Walnussbrot. Zum Abschluss gibt es eine säuerliche Rhabarbersuppe, die mit saftigen Mandeltörtchen serviert wird. Und als Getränk? Rosé natürlich!

12 PERSONEN
—

Saibling mit Gurkenjoghurt

Rosésangria

Walnussbrot

Platte mit Pata Negra und Beilagen

Rhabarbersuppe mit lauwarmen Himbeer-Erdbeer-Mandeltörtchen

Saibling mit Gurkenjoghurt

Die schöne Farbe bekommt der Fisch von Roter Bete.

FÜR 12 PORTIONEN:
1 Saiblingfilet mit Haut (250 g), das 3 Tage tiefgefroren war, mit Umweltsiegel
1 EL Salz
1 EL Zucker
¼ TL zerstoßener schwarzer Pfeffer
1 kleine Rote Bete
1 EL gehackter Dill

Gurkenjoghurt:
½ Gurke
¼ TL Salz
100 g griechischer Joghurt
1 kleine Knoblauchzehe
1 Prise frisch gemahlener schwarzer Pfeffer

Sauerteigcrostini:
12 Scheiben Sauerteigbrot
2 EL Rapsöl

Außerdem:
20 Babyspinatblätter
25 g Maränenkaviar
Dill

SO WIRD'S GEMACHT:
1. Den Fisch halbieren. Salz, Zucker und Pfeffer vermischen und ein wenig davon in eine Form streuen. Ein Stück Fisch mit der Hautseite nach unten hineinlegen und die restliche Gewürzmischung darüberstreuen.
2. Rote Bete unter fließend kaltem Wasser schälen. Reiben und mit dem Dill über den Fisch streuen. Das andere Filet daraufdgen und herunterdrücken.
3. Den Saibling mit Frischhaltefolie bedecken und ca. 12 Stunden im Kühlschrank stehen lassen. Die Filets wenden und weitere 24 Stunden beizen lassen. Rote Bete und Dill abkratzen und das Filet in dünne Scheiben schneiden.
4. Die Gurke schälen und entkernen. Grob reiben und in ein Sieb geben. Salzen und 1 Stunde abtropfen lassen. Das Wasser aus der Gurke pressen. Gurke, Joghurt, gepressten Knoblauch und Pfeffer vermischen.
5. Den Ofen auf 200 °C vorheizen. Die Brotscheiben in kleinere Stücke schneiden. Das Brot auf ein Blech mit Backpapier legen und mit Öl bestreichen. Auf mittlerer Schiene 4 bis 5 Minuten rösten. Herausnehmen und abkühlen lassen.
6. Spinatblätter, Saibling und Gurkenjoghurt auf die Crostini legen. Mit Maränenkaviar und Dill dekorieren.

Rosésangria

Normalerweise wird Sangria aus jungem, trockenem Rotwein gemacht. Hier ist eine erfrischende Variante aus Rosé.

FÜR 12 GLÄSER:
2 Flaschen Rosé (à 75 cl)
2 Orangen
2 Pfirsiche oder Nektarinen
1 Zitrone
6 cl weißer Rum oder Cognac
1 l Zitronenlimonade
reichlich Eiswürfel

SO WIRD'S GEMACHT:
1. Den Wein in eine Karaffe gießen. Orangen, Pfirsiche und Zitrone gründlich mit lauwarmem Wasser abspülen. Die Früchte in Scheiben schneiden und in die Karaffe geben. Den Schnaps untermischen.
2. Kurz vor dem Servieren Eiswürfel und Zitronenlimonade hinzufügen.

Walnussbrot

Das Brot bekommt eine schöne, etwas knusprige Kruste, wenn es anfangs kurz bei 250 °C gebacken wird.

FÜR 2 BROTE:
50 g Hefe
3 EL Zuckerrübensirup
1 EL Salz
2 EL kaltgepresstes Rapsöl
165 g grobes Roggenmehl
120 g Vollkorndinkelmehl
ca. 600 g Weizenmehl
150 g Walnüsse

SO WIRD'S GEMACHT:
1. Die Hefe in eine Schüssel bröckeln. 500 ml lauwarmes Wasser über die Hefe gießen und rühren, bis sie sich aufgelöst hat. Sirup, Salz und Öl hinzufügen. Nach und nach die Mehle einarbeiten. Den Teig ca. 5 Minuten kneten und die Walnüsse hinzufügen. Unter einem Backtuch 30 bis 40 Minuten gehen lassen.
2. Den Teig auf eine leicht bemehlte Arbeitsfläche geben und halbieren. Die Stücke zu runden Broten formen und auf ein Blech mit Backpapier legen. Die Brote leicht mit Mehl bestäuben und unter einem Backtuch ca. 30 Minuten gehen lassen. Den Ofen auf 250 °C vorheizen.
3. Mit einem scharfen Messer ein Rautenmuster in die Brote einschneiden. In die Mitte des Ofens stellen. Mit einem Pflanzensprüher etwas Wasser hineinsprühen und ca. 5 Minuten backen. Die Ofentemperatur auf 200 °C senken. Weitere ca. 30 Minuten backen. Die Brote herausnehmen und abkühlen lassen.

Platte mit Pata Negra und Beilagen

Pata Negra ist Spaniens Antwort auf den italienischen Parmaschinken. Der vollständige Name des Schinkens ist Jambon Iberico de Bellota (Iberischer Eichelschinken).

FÜR 12 PORTIONEN:
24 dünne Scheiben Pata Negra
24 Scheiben Trüffelsalami
150 g sonnengetrocknete Tomaten
150–200 g gemischte Oliven
100 g Mischsalat, gerne mit Rucola
250 g gemischte kleine Tomaten

SO WIRD'S GEMACHT:
Schinken und Wurst auf eine Platte legen und getrocknete Tomaten und Oliven in Schüsseln geben. Den Salat zerzupfen und zusammen mit den Tomaten in eine Schüssel geben.

Rhabarbersuppe mit lauwarmen Himbeer-Erdbeer-Mandeltörtchen

Eine säuerliche Suppe passt perfekt zu süßen Mandeltörtchen. Um die Sache zu vereinfachen, können Sie den Teig in die Formen drücken, bevor er im Kühlschrank ruhen soll, dann brauchen Sie ihn nicht auszurollen. Sowohl Suppe als auch Mandeltörtchen lassen sich gut einfrieren, falls etwas übrig bleiben sollte.

FÜR 12 PORTIONEN:
4–5 rote Rhabarberstängel (ca. 900 g)
150 ml Rosé
85 g Zucker
30 g Himbeeren
1 TL Maisstärke

Mandeltörtchen:
180 g + 1 EL Weizenmehl
125 g + 50 g zimmerwarme Butter
1 EL + 85 g Zucker
1 EL Milch
200 g Marzipanrohmasse
1 TL Vanillezucker
2 Eier
100 g Erdbeeren
100 g Himbeeren

Zum Garnieren:
Himbeeren
Erdbeeren

Außerdem:
Vanilleeis

SO WIRD'S GEMACHT:
1. Den Rhabarber putzen und in Scheiben schneiden. 400 ml Wasser und Wein in einen Topf geben. Rhabarber, Zucker und Himbeeren hinzufügen. Aufkochen und ca. 10 Minuten sieden lassen, ohne zu rühren. Die Suppe durch ein Sieb gießen. Die Maisstärke in etwas kaltem Wasser anrühren und in die Suppe einrühren. Aufkochen und dann abkühlen lassen.
2. 180 g Mehl, 125 g Butter und 1 EL Zucker vermengen. Die Milch hinzufügen und rasch zu einem Teig verarbeiten. In einen Gefrierbeutel geben und ca. 1 Stunde im Kühlschrank ruhen lassen.
3. Den Teig ausrollen und 12 kleine Tarteformen, Ø ca. 7 cm, damit auskleiden.
4. Den Ofen auf 175 °C vorheizen. Die Marzipanrohmasse fein reiben und in eine Schüssel geben. 85 g Zucker, 50 g Butter und Vanillezucker hinzufügen und mit einem Rührgerät verrühren. Eier und 1 EL Mehl dazugeben. Die Masse in die Formen füllen. Die Erdbeeren putzen und in kleinere Stücke schneiden. Erdbeerstücke und Himbeeren in die Mandelmasse drücken. Auf mittlerer Schiene ca. 35 Minuten backen.
5. Die Suppe in Gläser füllen und die Beeren hineingeben. Zusammen mit den lauwarmen Törtchen und Vanilleeis servieren.

ROSÉBUFFET

Ein schwedischer Sommerabend

Was gibt es Schöneres als ein Picknick an einem lauen Sommerabend? In Schweden, wo es im Sommer nicht dunkel wird, genießt man eingelegten Hering, frisch gekochte neue Kartoffeln mit Dill, Kräuterhering, kleine Eierhälften mit Krabben und gebeizten Lachs draußen im Grünen. Servieren Sie zum Fisch ein knuspriges Sesamknäckebrot und Käse. Als Dessert: frische Beeren mit Vanillecreme.

6–8 PERSONEN
—

Kräuterhering mit Kresse, Schnittlauch und Petersilie

Senfhering mit Honig und Dill

Zuckerhering mit Tomate und Dill

Chilikrabben auf Ei

Zwiebel-Apfel-Hering

Sesamknäckebrot

Leicht gebeizter marinierter Lachs

Beerencoupe mit Vanillecreme

Kräuterhering mit Kresse, Schnittlauch und Petersilie

Die frischen Kräuter machen diesen Hering besonders sommerlich.

FÜR 6–8 PORTIONEN:
420 g eingelegter Hering
45 g Zucker
2 EL Branntweinessig (12 %)
½ kleine Zwiebel
2 EL gehackte Petersilie
2 EL gehackter Schnittlauch
½ Tablett Kresse
½ Bio-Zitrone
3 Gewürznelken
1 Lorbeerblatt
¼ TL Salz

SO WIRD'S GEMACHT:
1. 100 ml Wasser, Zucker und Essig in einem Topf vermischen und köcheln lassen, bis der Zucker sich aufgelöst hat. Zur Seite stellen und abkühlen lassen.
2. Den Hering abtropfen lassen und die Filets in ca. 2 cm breite Streifen schneiden. Die Zwiebel schälen und hacken. Den Hering mit Zwiebeln, Petersilie, Schnittlauch und Kresse vermengen.
3. Die Zitrone gründlich mit lauwarmem Wasser abspülen und die Schale reiben. Die Gewürznelken in einem Mörser zerstoßen und in den Zucker-Essig-Sud mischen. Lorbeerblatt, Zitronenschale und Salz hinzufügen. Den Sud über den Hering gießen.
4. Den Hering in einem verschlossenen Glas im Kühlschrank ca. 24 Stunden aufbewahren.

Senfhering mit Honig und Dill

Honig rundet den Senf ab, und die Dillsamen verstärken den Geschmack.

FÜR 6–8 PORTIONEN:
420 g eingelegter Hering
1 Eigelb
4 EL Dijon-Senf
2 EL Honig
100 ml Rapsöl
¼ TL Salz
¼ TL frisch gemahlener schwarzer Pfeffer
2 EL gehackter Dill
¼ TL Dillsamen
5 Pimentkörner

Zum Garnieren:
Dillstängel

SO WIRD'S GEMACHT:
1. Den Hering abtropfen lassen und in ca. 2 cm breite Stücke schneiden.
2. Eigelb, Senf und Honig verquirlen. Tropfenweise das Öl hinzufügen und dabei weiter schlagen. Mit Salz, Pfeffer, zerstoßenen Dillsamen und zerstoßenen Pimentkörnern würzen.
3. Die Heringsstücke in die Senfsauce legen. Den Hering in einem verschlossenen Glas im Kühlschrank ca. 24 Stunden aufbewahren. Beim Servieren mit Dill garnieren.

Zuckerhering mit Tomate und Dill

Der braune Zucker macht den Hering richtig süß und lecker.

FÜR 6–8 PORTIONEN:
420 g eingelegter Hering
1 rote Zwiebel
50 ml Spritessig (12 %)
55 g brauner Zucker
100 g Tomatenmark
50 ml Rapsöl
¾ TL Salz
¼ TL frisch gemahlener schwarzer Pfeffer
2 EL gehackter Dill

Zum Garnieren:
rote Zwiebelringe

SO WIRD'S GEMACHT:
1. Den Hering abtropfen lassen und in ca. 2 cm breite Stücke schneiden. Die rote Zwiebel schälen und in Streifen schneiden.
2. In einer Schüssel Essig mit braunem Zucker vermischen und rühren, bis sich der Zucker aufgelöst hat. Tomatenmark, Öl, Salz und Pfeffer hinzufügen.
3. Dill, rote Zwiebeln und Hering in die Tomatensauce einrühren.
4. Den Hering in einem verschlossenen Glas ca. 24 Stunden im Kühlschrank aufbewahren. Beim Servieren mit roten Zwiebelringen garnieren.

Chilikrabben auf Ei

Die Chilischärfe passt gut zum milden Geschmack der Eier.

FÜR 6–8 PORTIONEN:
150 g geschälte Krabben
6 Eier
100 g gemischte junge Salatblättchen
1 rote Chili
1 TL Honig
2 EL frisch gepresster Zitronensaft
½ Knoblauchzehe
2 EL Rapsöl
¼ TL Salz
¼ TL frisch gemahlener schwarzer Pfeffer
50 g Mayonnaise

Zum Garnieren:
Dillzweige

SO WIRD'S GEMACHT:
1. Die Eier in einem Topf in kaltes Wasser legen. Aufkochen und ca. 8 Minuten köcheln lassen. Mit kaltem Wasser abschrecken. Schälen und der Länge nach in Hälften schneiden. Die Salatblätter auf einer Platte verteilen und die Eierhälften darauflegen.
2. Die Chili entkernen und fein hacken. Mit Honig, Zitronensaft und geriebenem Knoblauch vermischen. Das Öl hinzufügen und mit Salz und Pfeffer würzen. Die Krabben unterheben.
3. Einen Klecks Mayonnaise auf jede Eierhälfte geben. Mit Chilikrabben und Dill garnieren.

Zwiebel-Apfel-Hering

Es spielt keine Rolle, ob Ostern, ein runder Geburtstag oder Heiligabend ist – dieser eingelegte Hering ist immer ein großer Erfolg.

FÜR 6–8 PORTIONEN:
420 g eingelegter Hering
½ Apfel, am besten Granny Smith
½ rote Zwiebel
½ normale Zwiebel
1 Stück Lauch (ca. 10 cm)
100 g Mayonnaise
100 g Crème fraîche light
½ TL Salz
¼ TL frisch gemahlener schwarzer Pfeffer
3 EL Lake vom Hering

Zum Garnieren:
rote Zwiebelringe

SO WIRD'S GEMACHT:
1. Den Hering abtropfen lassen, 3 EL Lake aufbewahren. Den Hering in ca. 2 cm breite Streifen schneiden.
2. Den Apfel entkernen und hacken. Die Zwiebeln schälen und fein hacken. Den Lauch putzen und in dünne Scheiben schneiden.
3. Mayonnaise und Crème fraîche vermischen. Mit Salz, Pfeffer und Heringslake würzen. Hering, Apfel und Zwiebeln unterheben. Ca. 24 Stunden im Kühlschrank stehen lassen. Beim Servieren mit roten Zwiebelringen garnieren.

Sesamknäckebrot

Das Brot wird am besten, wenn Sie eine spezielle Teigrolle mit Noppen verwenden. Verwenden Sie zum Backen 2 bis 3 heiße Bleche.

FÜR CA. 35 BROTE:
50 g Hefe
2 TL Salz
1 TL Zucker
1½ TL heller Sirup
50 ml Rapsöl
110 g gesiebtes Roggenmischmehl
150 g Sesamsaat
60 g Weizenschrot
540–600 g Weizenmehl + 60 g zum Formen

SO WIRD'S GEMACHT:

1. Die Hefe in eine Schüssel bröckeln. Salz und Zucker hinzufügen, 500 ml kaltes Wasser über die Hefe gießen und rühren, bis sie sich aufgelöst hat. Sirup und Öl hinzufügen.

2. Gesiebtes Roggenmischmehl, Sesam und Weizenschrot hinzufügen und gut vermischen. Nach und nach das Weizenmehl dazugeben. Den Teig ca. 3 Minuten bearbeiten, bis er sich vom Rand der Schüssel löst. Unter einem Backtuch ca. 30 Minuten gehen lassen.

3. Den Ofen auf 250 °C vorheizen. Ein Blech im Ofen stark erhitzen. Den Teig auf eine bemehlte Arbeitsfläche legen und in kleinere Stücke teilen. Die Teigstücke mit einer gewöhnlichen Teigrolle zu dünnen, länglichen Broten ausrollen, ca. 20 cm. Dann 2 bis 3 Mal mit einer Spezialteigrolle für Knäckebrot darüberrollen und mit etwas Mehl bestreuen. Die Knäckebrotfladen auf die Teigrolle aufrollen und dann auf dem heißen Blech ausrollen.

4. Die Knäckebrote nach und nach auf mittlerer Schiene auf einem heißen Blech ca. 6 Minuten goldbraun backen. Auf einem Rost abkühlen und trocknen lassen. Das Knäckebrot in einer verschlossenen Dose aufbewahren.

Leicht gebeizter marinierter Lachs

Es ist wichtig, dass der Lachs in sehr dünne Scheiben geschnitten wird, sodass er ganz durchgebeizt werden kann, bevor Essenszeit ist.

FÜR 6–8 PORTIONEN:
500 g Lachsfilet mit Haut, das 3 Tage tiefgefroren war
4 TL Zucker
2 TL Salz
1 Stück Ingwer (ca. 40 g)
1 Bio-Zitrone
2 EL weißer Balsamessig
¼ TL frisch gemahlener schwarzer Pfeffer

Zum Garnieren:
frischer Dill
Ingwerscheiben
geriebene Zitronenschale

SO WIRD'S GEMACHT:
1. Den Lachs von eventuellen Gräten befreien. In dünne Scheiben schneiden und auf eine Platte legen. Zucker und Salz vermischen. Die Mischung über die Lachsscheiben streuen und bei Zimmertemperatur ca. 1 Stunde beizen lassen.
2. Den Ingwer schälen und in dünne Scheiben schneiden. Die Scheiben auf den Lachs legen. Die Zitrone gründlich mit lauwarmem Wasser abspülen. Die Schale reiben. Zitronenschale, Zitronensaft, Essig und Pfeffer vermengen. Die Mischung über den Lachs gießen und eine weitere Stunde im Kühlschrank marinieren.
3. Mit Dillzweigen, Ingwerscheiben und Zitronenschale garnieren.

Beerencoupe mit Vanillecreme

Ein säuerliches, frisches Dessert – fast wie ein Törtchen.

FÜR 8 PORTIONEN:
1 fertiger Sandkuchen (ca. 220 g)
50 ml Rhabarber- oder Holunderblütensirup
300 g Erdbeeren
1 Nektarine

Vanillecreme:
1 Blatt Gelatine
1 Bio-Zitrone
500 g Vanillequark
200 g Naturjoghurt
45 g Puderzucker

Zum Garnieren:
200 g Erdbeeren
1 Nektarine
Walderdbeer- oder Zitronenmelisseblätter

SO WIRD'S GEMACHT:
1. Den Kuchen klein schneiden und in Gläsern verteilen. Sirup mit 50 ml Wasser mischen, darüberträufeln.
2. Erdbeeren putzen, Nektarine entkernen. Beides in Stücke schneiden und in die Gläser verteilen.
3. Die Gelatineblätter ca. 5 Minuten in kaltem Wasser einweichen. Die Zitrone gründlich mit lauwarmem Wasser abspülen, Schale reiben und 2 EL Saft auspressen. Zitronenschale, Quark, Joghurt und Puderzucker zu einer Creme schlagen. Den Zitronensaft erhitzen. Das Gelatineblatt im Saft schmelzen. Die Mischung in einem dünnen Strahl in die Creme einrühren.
4. Die Creme in die Gläser geben. Ca. 2 Stunden kalt stellen.
5. Erdbeeren und Nektarine zum Garnieren putzen und in Stücke schneiden. Die Beerencoupes mit Erdbeeren, Nektarinen und Walderdbeer- oder Melisseblättern dekorieren.

EIN SCHWEDISCHER SOMMERABEND

Russisches vom Grill

Dieses russisch inspirierte Grillmenü bietet einen frischen Tomatenshot mit Wodka zu Pizzaschnitten mit Sardellen und karamellisierten Zwiebeln. Hühnerschenkelfilet wird in Tomate und Knoblauch und Schweinefilet in Rotwein mariniert, bevor die Stücke auf Spieße gesteckt und gegrillt werden. Die süßsaure Pflaumensauce ist ein Klassiker, der hier Gesellschaft von einem Klecks Crème fraîche mit Tabasco bekommt. Etwas Neues und garantiert Aufregendes!

4 PERSONEN
—

Tomatenshots

Pizzaschnitten mit karamellisierten Zwiebeln und Sardellen

Auberginenmus mit Tomaten, Walnüssen und roten Zwiebeln

Bohnen-Kartoffel-Salat

Pflaumensauce

Crème-fraîche-Sauce

Hühnchenspieße in Tomatenmarinade

Schweinefiletspieß

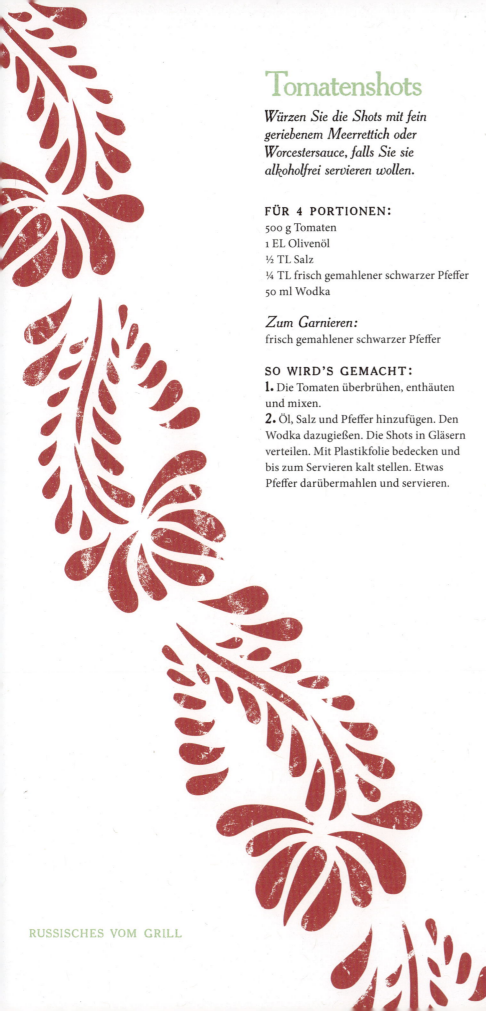

Tomatenshots

Würzen Sie die Shots mit fein geriebenem Meerrettich oder Worcestersauce, falls Sie sie alkoholfrei servieren wollen.

FÜR 4 PORTIONEN:
500 g Tomaten
1 EL Olivenöl
½ TL Salz
¼ TL frisch gemahlener schwarzer Pfeffer
50 ml Wodka

Zum Garnieren:
frisch gemahlener schwarzer Pfeffer

SO WIRD'S GEMACHT:
1. Die Tomaten überbrühen, enthäuten und mixen.
2. Öl, Salz und Pfeffer hinzufügen. Den Wodka dazugießen. Die Shots in Gläsern verteilen. Mit Plastikfolie bedecken und bis zum Servieren kalt stellen. Etwas Pfeffer darübermahlen und servieren.

Pizza mit karamellisierten Zwiebeln und Sardellen

Mit einer Backmischung für Pizzateig ist dieser Snack im Handumdrehen fertig.

FÜR 2 PIZZEN:
ca. 300 g Backmischung für Pizzateig

Belag:
3 Zwiebeln
3 EL Olivenöl
2 TL Zucker
3 EL trockener Weißwein
½ TL Salz
¼ TL frisch gemahlener schwarzer Pfeffer
100–150 g geriebener Parmesan
8 Sardellenfilets

Zum Garnieren:
frischer Thymian

SO WIRD'S GEMACHT:
1. Den Teig nach Packungsanweisung zubereiten.
2. Die Zwiebel schälen und in Streifen schneiden. 5 bis 8 Minuten in Öl braten. Mit Zucker bestreuen und weitere 2 bis 3 Minuten braten, ab und zu umrühren. Mit Wein ablöschen und mit Salz und Pfeffer würzen. Die Zwiebeln auf einen Teller geben und abkühlen lassen.
3. Den Ofen auf 225 °C vorheizen. Den Teig in zwei Stücke teilen und zu länglichen Pizzaböden ausrollen, ca. 12 cm x 35 cm. Die Böden auf ein Blech mit Backpapier legen. Mit Käse bestreuen und die Zwiebeln darauf verteilen.
4. Die Pizzen auf mittlerer Schiene ca. 13 Minuten backen. Die Sardellen darauflegen und weitere ca. 2 Minuten backen. Kurz vor dem Servieren mit Thymian garnieren.

Auberginenmus mit Tomaten, Walnüssen und roten Zwiebeln

Schmeckt frisch gemacht am besten. Die Walnüsse machen das Mus besonders lecker und geben ihm Biss.

FÜR 4 PORTIONEN:
1 Aubergine (300 g)
1 Tomate
½ kleine rote Zwiebel
2 EL Olivenöl
½ TL Salz
¼ TL frisch gemahlener schwarzer Pfeffer
2 EL gehackte Walnüsse
2 EL gehackte Petersilie oder Koriander

Zum Garnieren:
gehackte rote Zwiebel
grob gehackte Walnüsse
Olivenöl

SO WIRD'S GEMACHT:
1. Den Ofen auf 175 °C vorheizen. Die Schale der Aubergine mit einem kleinen scharfen Messer einschneiden. Die Aubergine in eine ofenfeste Form mit Backpapier legen. Auf mittlerer Schiene ca. 1 Stunde backen, bis sie ganz weich ist. Zwischendurch 2 bis 3 Mal wenden. Abkühlen lassen.
2. Die Schale der Aubergine abziehen und das Fruchtfleisch hacken. Die Tomaten überbrühen, enthäuten und hacken. Die Zwiebel schälen und hacken.
3. Die Aubergine mit Tomate und Öl vermischen und mit Salz und Pfeffer würzen. Zwiebeln, Nüsse und Petersilie unterheben. Mit roter Zwiebel und Walnüssen garnieren und mit etwas Öl beträufeln.

Bohnen-Kartoffel-Salat

Eine nahrhafte Beilage, die man gut vorbereiten kann.

FÜR 4 PORTIONEN:
400 g dicke weiße Bohnen aus der Dose
10–12 neue Kartoffeln
1 TL Salz
100 g grüne Bohnen

Dressing:
1 kleine rote Zwiebel
1 EL Zucker
3 EL weißer Balsamessig oder Rotweinessig
¼ TL Salz
50 ml Olivenöl

Zum Garnieren:
geriebene Zitronenschale
frisch gemahlener schwarzer Pfeffer

SO WIRD'S GEMACHT:
1. Die Zwiebel schälen und in Streifen schneiden. Mit dem Zucker vermischen, bis die Zwiebel Flüssigkeit abgibt. Essig und Salz hinzufügen und vermengen. Zum Schluss das Öl untermischen.
2. Bohnen mit kaltem Wasser abspülen; abtropfen lassen. Mit dem Dressing vermischen und bei Zimmertemperatur ca. 30 Minuten marinieren.
3. Die Kartoffeln gut schrubben oder schälen. Wasser in einem Topf aufkochen, Salz dazugeben und die Kartoffeln hineingeben. Ca. 20 Minuten weich kochen. Abdampfen lassen und evtl. in kleinere Stücke schneiden.
4. Die grünen Bohnen in leicht gesalzenem Wasser ca. 5 Minuten blanchieren. Abtropfen lassen.
5. Die frisch gekochten Kartoffeln mit den grünen Bohnen und den marinierten weißen Bohnen vermischen. Abkühlen lassen. Mit Zitronenschale und Pfeffer garnieren.

Pflaumensauce

Perfekt zu gegrilltem Fleisch.

FÜR 4 PORTIONEN:
6 große Pflaumen, rote oder gelbe (ca. 800 g)
1 EL Rotweinessig
1 Knoblauchzehe
½ TL Salz
¼ TL frisch gemahlener schwarzer Pfeffer
1 EL in feine Streifen geschnittener Koriander

SO WIRD'S GEMACHT:
1. Die Pflaumen in einen kleinen Topf geben. 100 ml Wasser hinzufügen. Bei geschlossenem Deckel ca. 20 Minuten weich kochen. Herausnehmen und abkühlen lassen. Die Pflaumen entkernen und mixen. Die Sauce mit etwas Kochwasser verdünnen.
2. Mit Essig, gepresstem Knoblauch, Salz und Pfeffer würzen. Koriander untermischen und servieren.

Crème-fraîche-Sauce

Lassen Sie die Tabasco-Flasche auf dem Tisch stehen, falls jemand mehr Schärfe möchte.

FÜR 4 PORTIONEN:
200 g Crème fraîche
1 Knoblauchzehe
10 Tropfen Tabasco
½ TL Salz

Zum Garnieren:
1 EL gehackte Walnüsse
1 EL gehackter Koriander

SO WIRD'S GEMACHT:
Crème fraîche, gepressten Knoblauch, Tabasco und Salz vermischen. Mit Walnüssen und Koriander garnieren.

RUSSISCHES VOM GRILL

Hühnchenspieße in Tomatenmarinade

Die Hühnchenfilets werden nach ein paar Stunden in der Marinade saftig und weich.

FÜR 4 PORTIONEN:
400 g Hühnerschenkelfilets
½ TL Salz

Marinade:
2 Tomaten
2 Knoblauchzehen
3 EL Olivenöl
1 EL frisch gehackter Koriander

SO WIRD'S GEMACHT:
1. Die Tomaten überbrühen, enthäuten und fein hacken oder mixen. Mit gepresstem Knoblauch, Öl und Koriander vermischen.
2. Die Schenkelfilets in jeweils zwei Stücke schneiden. Mit der Marinade vermischen. Mit Plastikfolie bedecken und im Kühlschrank 2 bis 3 Stunden marinieren.
3. Die Fleischstücke auf Grillspieße stecken und bei Zimmertemperatur ca. 10 Minuten liegen lassen. Die Spieße rundherum ca. 15 Minuten grillen, bis das Hühnchen durch ist. Die Spieße ab und zu wenden. Mit Salz bestreuen und servieren.

Schweinefiletspieße

Rotwein und Thymian geben dem Fleisch Geschmack. Einfach und lecker!

FÜR 4 PORTIONEN:
400 g Schweinefilet
1 rote Zwiebel
¼ TL frisch gemahlener schwarzer Pfeffer
150 ml Rotwein
½ TL Salz
½ TL Thymian

SO WIRD'S GEMACHT:
1. Das Filet von Sehnen und Häuten befreien und in ca. 2 cm große Stücke schneiden. Die Zwiebel schälen und in Ringe schneiden.
2. Die Fleischstücke in eine Schüssel geben. Pfeffern und ca. 1 Minute mit der Zwiebel vermischen, bis die Zwiebel Saft abgibt. Den Wein darüberträufeln und gut vermengen. Mit Frischhaltefolie bedecken und im Kühlschrank 2 bis 3 Stunden marinieren. Währenddessen 2 bis 3 Mal umrühren.
3. Das Fleisch auf Grillspieße stecken und bei Zimmertemperatur ca. 10 Minuten liegen lassen. Die Spieße ca. 15 Minuten grillen, bis das Fleisch durch ist. Die Spieße ab und zu wenden. Mit Salz und Thymian würzen und servieren.

Lässiger Grillabend

Ein schön marmoriertes Stück Rindfleisch mit Meersalz und frisch gemahlenem schwarzem Pfeffer zusammen mit dem guten Grillgeschmack ist an sich schon sehr lecker, aber ein paar Variationen und Tipps für leckere Beilagen können ja nicht schaden. Probieren Sie Stachelbeerrelish zum Burger, Whiskybarbecuesauce zu den Rippchen und Béarnaisesahne zum Steak. Lammfiletstücke werden mit Zucchini, Paprika und Champignons auf Spieße gesteckt. Sie können sich nicht entscheiden? Dann machen Sie alle vier Rezepte, um Ihren Favoriten herauszufinden!

6 PERSONEN

—

Bacon-Cheeseburger mit Relish

Steak mit Béarnaisesahne

Sticky Spare Ribs mit Whiskybarbecuesauce

Gegrillte Zucchinirollen

Grillspieße mit Lamm

Gefüllte Grilltomaten

Bacon-Cheeseburger mit Relish

Das Relish mit Stachelbeeren, Zwiebeln und Rosinen schmeckt zu Burgern fantastisch und passt auch perfekt zu gegrilltem Schweinefleisch.

FÜR 6 PORTIONEN:
1 kg Rinderhackfleisch
2 EL grobkörniger Senf
2 TL Salz
½ TL frisch gemahlener schwarzer Pfeffer
12 Scheiben Bacon
6 große Hamburgerbrötchen
100 g Mayonnaise
70 g Mischsalat
6 Scheiben Käse

Relish, ca. 500 g:
500 g Stachelbeeren
1 Zwiebel
180 g Rosinen
175 g brauner Zucker
100 ml Weißweinessig
1 TL geriebener Ingwer
1 TL weiße Senfkörner
1 TL Salz
½ TL Kurkuma
¼ TL Cayennepfeffer

SO WIRD'S GEMACHT:
1. Die Stachelbeeren abspülen, putzen und in einen Topf geben. Die Zwiebel schälen und in dünne Scheiben schneiden. In den Topf geben. Rosinen, braunen Zucker, Essig und Gewürze hinzufügen. Aufkochen und ohne Deckel ca. 1 Stunde köcheln lassen, bis das Relish eingekocht ist. In verschließbare Gläser füllen und abkühlen lassen. Im Kühlschrank aufbewahren.
2. Hackfleisch, Senf, Salz und Pfeffer vermengen. Zu sechs großen Burgern formen. Direkt über der Glut auf jeder Seite ca. 5 Minuten grillen. Die Baconscheiben knusprig grillen.
3. Die Brötchen halbieren und den unteren Teil mit Mayonnaise bestreichen. Burger, Bacon, Salat und Käse darauflegen. Mit Relish bestreichen und den Brötchendeckel auflegen. Mit mehr Relish servieren.

Steak mit Béarnaisesahne

Rindfleisch mit Sauce Béarnaise ist ein beliebtes Gericht. Hier ist eine Variante aus Schlagsahne, die kalt serviert wird.

FÜR 6 PORTIONEN:
6 Rindersteaks (à 150 g)
1½ EL Olivenöl
1½ TL Salz
½ TL frisch gemahlener schwarzer Pfeffer

Sauce:
4 Eigelb
2 TL Weißweinessig
100 ml + 200 ml Schlagsahne
3 gehäufte EL gehackter Estragon
1 TL Salz
¼ TL frisch gemahlener schwarzer Pfeffer

Beilagen:
neue Kartoffeln
gegrillte Zucchinirollen, siehe Rezept S. 120

SO WIRD'S GEMACHT:
1. Eigelb, Essig und 100 ml Sahne verquirlen. Die Mischung im Wasserbad unter Rühren erhitzen, bis sie eingedickt ist. Beiseitestellen und abkühlen lassen.
2. 200 ml Sahne steif schlagen. Zusammen mit dem Estragon unter die Eiercreme heben. Mit Salz und Pfeffer würzen.
3. Die Steaks mit Öl bestreichen und mit Salz und Pfeffer würzen. Direkt über der Glut auf jeder Seite 3 Minuten grillen. Die frisch gegrillten Steaks mit Sauce und Beilagen servieren.

LÄSSIGER GRILLABEND

Sticky Spare Ribs mit Whiskybarbecuesauce

Alle Fans von Spare Ribs und solche, die es werden wollen, sollten dieses Rezept unbedingt probieren!

FÜR 6 PORTIONEN:
1,5 kg dünne Schweinerippchen
3 Knoblauchzehen
50 ml Olivenöl
50 ml Whisky
2 EL Ketchup
2 EL Rohrzuckersirup
1 EL Rotweinessig
1 EL geriebener Ingwer
1 EL Paprikapulver, gerne geräuchertes
1½ TL Salz

Whiskybarbecuesauce:
2 Knoblauchzehen
250 ml Ketchup
150 ml Rohrzuckersirup
100 ml Whisky
50 ml Weißweinessig
1 EL geriebener Ingwer
½ TL Sambal Oelek
½ TL Salz
¼ TL frisch gemahlener schwarzer Pfeffer

Beilagen:
gegrillte Kartoffelspalten oder Backkartoffeln

SO WIRD'S GEMACHT:
1. Den Knoblauch schälen und fein hacken. Mit Öl, Whisky, Ketchup, Sirup, Essig, Ingwer und Paprikapulver vermischen. Die Marinade über das Fleisch gießen und im Kühlschrank ca. 24 Stunden marinieren.
2. Den Knoblauch schälen und fein hacken. In einem Topf mit den übrigen Zutaten vermischen und ca. 15 Minuten zu einer sämigen Sauce einkochen. Evtl. abkühlen lassen.
3. Die Rippchen aus der Marinade nehmen. Die Marinade für später aufheben. Die Rippchen ca. 45 Minuten über indirekter Hitze grillen. Die Marinade einkochen lassen, bis nur noch die Hälfte übrig ist. Die Rippchen ca. 10 Minuten vor Ende der Grillzeit mit der Marinade bestreichen.
4. Die Rippchen in Stücke schneiden und salzen. Mit warmer oder kalter Barbecuesauce und Kartoffeln servieren.

Tipp! Falls Barbecuesauce übrig bleibt, kann man sie im Kühlschrank 2 Wochen aufbewahren und zu fast allem servieren. Versuchen Sie z. B., etwas Sauce in Hackfleisch zu mischen, das dann zu Frikadellen geformt und gegrillt wird.

Gegrillte Zucchinirollen

Rollen, die einfach zu machen sind und zu allem Gegrillten passen!

FÜR 6 PORTIONEN:
2 Zucchini (à 250 g)
6 Stiele Thymian
½ TL Salz
6 Scheiben Bacon

SO WIRD'S GEMACHT:
1. Jede Zucchini in drei Stücke schneiden. Jedes Stück der Länge nach halbieren. Jeweils einen Thymianstiel zwischen zwei Stücke legen und mit Salz bestreuen. Eine Baconscheibe darumwickeln. Mit Zahnstochern zusammenhalten.
2. Die Rollen über indirekter Hitze ca. 20 Minuten grillen, bis der Bacon knusprig ist und die Zucchini weich sind. Die Rollen als Beilage servieren.

Grillspieße mit Lamm

Das Lammfleisch kann auch durch Schweinefilet, Pute oder Hühnchen ersetzt werden. Die Grillzeit muss dann um 5 Minuten erhöht werden.

FÜR 6 PORTIONEN:
900 g Lammaußenfilet
2 Knoblauchzehen
2 Rosmarinzweige
2 Stiele Thymian
¼ Bio-Zitrone
100 ml Olivenöl
¼ TL Sambal Oelek
2 Paprikaschoten in unterschiedlichen Farben, entkernt
1 kleine Zucchini
12 Kirschtomaten
12 kleine Champignons
1½ TL Salz
½ TL frisch gemahlener schwarzer Pfeffer

Beilagen:
gefüllte Grilltomaten, siehe rechts
Brot
Salat

SO WIRD'S GEMACHT:
1. Das Fleisch von Sehnen und Häuten befreien und in ca. 3 cm x 3 cm große Würfel schneiden. Knoblauch schälen und fein hacken. Kräuter von den Stielen zupfen. Zitrone gründlich mit lauwarmem Wasser abspülen und die Schale reiben. Knoblauch, Kräuter, Zitronenschale, Öl und Sambal Oelek mischen. Das Fleisch in die Marinade legen und ca. 1 Stunde im Kühlschrank stehen lassen.
2. Paprika in Stücke schneiden. Die Zucchini in halbe Scheiben schneiden.
3. Das Fleisch abwechselnd mit Paprika, Zucchini, Tomaten und Champignons auf Grillspieße stecken. Mit Salz und Pfeffer würzen. Den Spieß direkt über der Glut rundherum ca. 10 Minuten grillen. Mit gefüllten Tomaten, Brot und Salat servieren.

Gefüllte Grilltomaten

Seien Sie beim Aushöhlen der Tomaten vorsichtig, dass der Boden nicht zu dünn wird, sonst läuft die Füllung aus.

FÜR 6 PORTIONEN:
12 große Tomaten
120 g Couscous
150 g Feta
35 g entkernte schwarze Oliven
2 EL Olivenöl
1 EL Kräuter der Provence

SO WIRD'S GEMACHT:
1. Die Oberseite der Tomaten abschneiden und die Kerne herauslöffeln. Eine kleine Bodenplatte abschneiden, sodass sie stabil stehen. 150 ml Wasser aufkochen und über das Couscous gießen. 2 Minuten stehen lassen.
2. Den Feta würfeln. Das Couscous mit Feta, Oliven, Öl und Kräutern vermischen. Die Füllung in die Tomaten geben und den Deckel wieder darauflegen. Die Tomaten auf den Grill stellen und über indirekter Hitze ca. 15 Minuten grillen. Die Tomaten als Beilage zu Gegrilltem servieren.

LÄSSIGER GRILLABEND

Sommerdrinks mit Snacks

Nach einem heißen Sommertag ist es wundervoll, zu einem späten Nachmittagsdrink mit salzigen Snacks eingeladen zu werden. Es dauert nicht lange, die Snacks zuzubereiten. Die ersten Sommerpfifferlinge werden in Butter gebraten und auf geröstetes Brot gelegt, und kleine Zucchinistücke werden mit Oliven und Mascarpone gefüllt. Die Drinks werden in großen Karaffen mit viel Eis gemischt, einfach und rational. Probieren Sie den Wassermelonenpitcher – erfrischend und unglaublich lecker!

8 PERSONEN

—

Finn Crisp mit gepökeltem Lachs und Eier-Kapern-Topping

Apfel-Melonen-Pitcher

Johannisbeer-Nektarinen-Pitcher

Geröstetes Fladenbrot mit Pfifferlingcreme

Wassermelonenpitcher

Salamichips mit geräuchertem Paprikadip

Zucchinistücke mit Olivenfüllung

Finn Crisp mit gepökeltem Lachs und Eier-Kapern-Topping

Der gepökelte Lachs kann als Variation auch durch geräucherten oder gebeizten Lachs ersetzt werden.

FÜR 24 PORTIONEN:
1 Ei
8 Scheiben Finn Crisp
1 EL Butter
100 g gepökelter Lachs in dünnen Scheiben
2 EL Kapern
2 EL Crème fraîche
½ EL Dijon-Senf
¼ Tablett Kresse

SO WIRD'S GEMACHT:
1. Das Ei in einen Topf mit kaltem Wasser legen. Aufkochen und 8 Minuten köcheln lassen. Mit kaltem Wasser abschrecken, schälen und fein hacken.
2. Jede Scheibe Finn Crisp in drei Stücke brechen. Mit Butter bestreichen und den Lachs darauf verteilen.
3. Die Kapern hacken und mit dem gehackten Ei, Crème fraîche und Senf vermengen. Einen Klecks davon auf jedes Finn Crisp geben. Mit Kresse bestreuen und servieren.

Apfel-Melonen-Pitcher

Wenn Sie eine alkoholfreie Variante machen wollen, können Sie den Wodka weglassen und den Saurer-Apfel-Likör durch Apfelsirup und etwas Zitrone ersetzen.

FÜR 8 GLÄSER:
2 grüne Äpfel
½ Honigmelone
20 cl Wodka
20 cl Saurer-Apfel-Likör
1 l Mineralwasser

SO WIRD'S GEMACHT:
1. Mit einem Kugelausstecher Kugeln aus den Äpfeln ausstechen. Die Melone halbieren und die Kerne herausschaben. Aus dem Fruchtfleisch Kugeln ausstechen. Die Apfel- und Melonenkugeln auf ein kleines Tablett legen. Das Tablett in den Gefrierschrank stellen und die Kugeln gut durchfrieren lassen.
2. Wodka und Likör in einer Karaffe vermischen. Mit Mineralwasser auffüllen und die gefrorenen Fruchtkugeln hineingeben. Sofort servieren.

Johannisbeer-Nektarinen-Pitcher

Die Johannisbeer-Eiswürfel sind lecker und sehen toll aus.

FÜR 8 GLÄSER:
50 g rote Johannisbeeren
2 Nektarinen
4 Limetten
35 cl Gin
1 l Zitronenlimonade

SO WIRD'S GEMACHT:
1. Die Johannisbeeren in einem Eiswürfelbereiter verteilen. Mit Wasser auffüllen und einfrieren.
2. Die Nektarinen entkernen und in dünne Spalten schneiden. In eine Karaffe geben und die Limetten darüber auspressen.
3. Mit Gin und Zitronenlimonade auffüllen und die Johannisbeer-Eiswürfel dazugeben. Sofort servieren.

SOMMERDRINKS MIT SNACKS

Geröstetes Fladenbrot mit Pfifferlingcreme

Falls Sie keine frischen Pfifferlinge im Wald oder im Laden finden, können Sie auch tiefgefrorene nehmen.

FÜR CA. 24 STÜCK:
2–3 Tortillafladen
200 g Pfifferlinge
2 Schalotten
1 Knoblauchzehe
1 EL Butter
2 EL halbtrockener Sherry
½ TL Salz
¼ TL frisch gemahlener schwarzer Pfeffer
100 g Frischkäse

Zum Garnieren:
frischer Thymian
frisch gemahlener schwarzer Pfeffer

SO WIRD'S GEMACHT:
1. Den Ofen auf 225 °C vorheizen. Die Brotfladen in ca. 4 cm x 4 cm große Stücke schneiden. Die Stücke auf ein Blech mit Backpapier legen. Auf mittlerer Schiene ca. 5 Minuten backen, bis die Quadrate schön Farbe bekommen haben. Auf einem Rost abkühlen lassen.
2. Die Pfifferlinge putzen und in kleinere Stücke schneiden. Zwiebeln und Knoblauch schälen und fein hacken. Die Pfifferlinge in einer trockenen Pfanne braten, bis die meiste Flüssigkeit verkocht ist. Zwiebeln, Knoblauch, Butter und Sherry hinzufügen und ca. 5 Minuten braten. Mit Salz und Pfeffer würzen und abkühlen lassen.
3. Die Pfifferlinge mit dem Frischkäse vermengen. Die Creme auf den Brotstücken verteilen. Mit Thymian und etwas Pfeffer garnieren.

Wassermelonenpitcher

Ein erfrischendes Getränk, das von Groß und Klein geliebt wird! Die saure Zitrone und der süße Sirup sind eine perfekt ausbalancierte Kombination.

FÜR 8 GLÄSER:
2,5 kg Wassermelone
2 Zitronen
1 Bund Minze
100 ml Glukosesirup
reichlich Eiswürfel

SO WIRD'S GEMACHT:
1. Die Wassermelone schälen und entkernen. Das Fruchtfleisch in einer Küchenmaschine mixen und durch ein Sieb gießen. Die Zitronen halbieren und den Saft auspressen. 8 Stiele Minze zum Garnieren beiseitelegen. Den Rest in Streifen schneiden.
2. Melonensaft, Zitronensaft, Minze und Sirup in eine Karaffe geben. Reichlich Eiswürfel hinzufügen. Die Minzestiele in Gläser stecken und den Drink hineingießen.

Salamichips mit geräuchertem Paprikadip

Der pfeffrige und salzige Geschmack der Salamichips bekommt einen schönen Kontrast, wenn man sie in den Paprikadip tunkt.

FÜR CA. 30 CHIPS:
100 g Salami in dünnen Scheiben, z.B. Pfeffersalami

Dip:
1 kleine rote Paprikaschote
1 Schalotte
1 kleine Knoblauchzehe
½ EL Rapsöl
1 TL Ancho-Chilipulver
50 g Crème fraîche light
¼ TL Salz

SO WIRD'S GEMACHT:
1. Die Salamischeiben in einer heißen, trockenen Pfanne auf jeder Seite ca. 1 Minute braten, sodass sie knusprig werden. Auf Küchenpapier abtropfen lassen.
2. Die Paprikaschote entkernen und in Stücke schneiden. Zwiebeln und Knoblauch schälen und hacken. Zusammen mit der Paprika in einem Topf in Öl ca. 5 Minuten braten. Chilipulver darüberstreuen und ca. 1 Minute mitbraten. Abkühlen lassen.
3. Paprika und Zwiebeln mit einem Pürierstab glatt mixen. Crème fraîche einrühren und salzen.
4. Die Salamichips mit dem Dip servieren.

Zucchinistücke mit Olivenfüllung

Das Innere der Zucchini kann man aufheben und für eine Suppe oder einen Gemüseeintopf verwenden.

FÜR CA. 16 STÜCKE:
2 kleine Zucchini (à ca. 200 g)
1 TL Salz
35 g grüne Oliven mit Paprikafüllung
1 kleine Knoblauchzehe
150 g Mascarpone
¼ TL Salz
¼ TL frisch gemahlener schwarzer Pfeffer
40 g Pinienkerne
1 Bio-Zitrone

Zum Garnieren:
frischer Oregano

SO WIRD'S GEMACHT:
1. Die Enden der Zucchini abschneiden und den Rest in ca. 3 cm breite Stücke schneiden. Ca. die Hälfte des Inneren mit einem kleinen Löffel auskratzen. Salz in die Zucchinistücke streuen und umgedreht auf Küchenpapier stellen. Ca. 15 Minuten stehen lassen, sodass ein Teil der Flüssigkeit herausgezogen wird.
2. Oliven und geschälte Knoblauchzehen zusammenmixen. Mascarpone einrühren. Mit Salz und Pfeffer abschmecken.
3. Die Pinienkerne in einer trockenen, heißen Pfanne rösten, bis sie schön Farbe bekommen haben. Abkühlen lassen.
4. Die Olivencreme in die Zucchinistücke füllen. Mit Pinienkernen bestreuen. Die Zitronen gründlich in lauwarmem Wasser abspülen. Die Schale reiben und über die Zucchini streuen. Mit Oregano garnieren.

Gartenparty

Sommer, Ferien und ein schöner Abend unter Freunden im Garten. Ein Tablett mit Pizzaschnecken aus fertigem Pizzateig, gefüllt mit Tomaten und Oliven, ist einfach und lecker. Kalte Fleisch- und Wurstwaren, daneben eine Fetacreme und etwas marinierter Mozzarella. Auf dem Grill ein leicht gebeizter Lachs mit Kräutern, dazu ein Sommersalat mit Nektarinen. Alles lässt sich gut vorbereiten. Kühler Rosé im Glas. Den Kirsch-Cheesecake dürfen Sie nicht verpassen – der beste des Sommers!

6 PERSONEN

—

Pizzaschnecken

Mozzarella in Joghurtmarinade

Leicht gebeizter gegrillter Lachs

Feta-Chili-Creme

Sommersalat

Lauwarme Salsa-Verde-Kartoffeln

Kirsch-Cheesecake

Pizzaschnecken

Mit fertigem Pizzateig gehen diese Schnecken sehr schnell. Bleibt Pizzasauce übrig, für Nudeln verwenden.

FÜR 6 PORTIONEN:
1 Rolle fertiger Pizzateig (400 g)
1 Bund Basilikum, Thymian oder Rosmarin
35 g entkernte Kalamataoliven
8 sonnengetrocknete Tomaten
1 EL Olivenöl
1 TL feines Meersalz

Zum Bestreichen:
1 Ei

Außerdem:
300 g gemischter Fleisch- und Wurstaufschnitt, z.B. Parmaschinken, Salami und Bresaola

SO WIRD'S GEMACHT:
1. Den Ofen auf 200 °C vorheizen. Den Teig auf einer leicht bemehlten Arbeitsfläche ausrollen.
2. Kräuter, Oliven und Tomaten grob hacken und über den Teig streuen. Mit Olivenöl beträufeln und zusammenrollen. Am Rand andrücken.
3. Die Rolle in 3 cm breite Stücke schneiden. Mit etwas Abstand in eine runde Springform stellen, Ø ca. 24 cm. Ca. 5 Minuten gehen lassen.
4. Mit verquirltem Ei bestreichen und mit Meersalz bestreuen. In der Mitte des Ofens ca. 25 Minuten backen. Die Schnecken abkühlen lassen und, zusammen mit dem Aufschnitt, lauwarm servieren.

Mozzarella in Joghurtmarinade

An sich hat Mozzarella nicht besonders viel Geschmack, aber die Joghurtmarinade ändert das. Der pfeffrige Rucola ist das Tüpfelchen auf dem i.

FÜR 6 PORTIONEN:
3 Mozzarella, gerne Büffel-, (à 125 g)
150 g griechischer Joghurt (10 %)
2 TL Apfelessig
2 EL + 1 EL Olivenöl
1 TL + ½ TL feines Meersalz
35 g Rucola
½ TL Chiliflocken
¼ Bund Thymian
1 Prise frisch gemahlener schwarzer Pfeffer

SO WIRD'S GEMACHT:
1. Den Käse in groben Stücken in eine Schüssel bröckeln. Den Joghurt mit Essig, 2 EL Öl und 1 TL Salz verrühren. Den Käse mit der Joghurtmischung vermengen.
2. Auf einen Teller geben und mit Rucola, Chili und Thymian bestreuen. Mit 1 EL Olivenöl beträufeln und mit Pfeffer und ½ TL Meersalz bestreuen.

Leicht gebeizter gegrillter Lachs

Man kann den Lachs auch bei 175 °C 15 bis 20 Minuten im Ofen garen.

FÜR 6 PORTIONEN:
1,5 kg Lachsfilet mit Haut
40 g feines Meersalz
90 g heller Muscovadozucker (unraffinierter Rohrzucker)
1 Bund Frühlingszwiebeln

SO WIRD'S GEMACHT:
1. Das Salz in einem Mörser zerstoßen und mit dem Zucker vermischen.
2. Die Frühlingszwiebeln putzen und in feine Ringe schneiden. Die Ober- und Unterseite des Lachses mit der Salz-Zucker-Mischung einreiben. Mit Frühlingszwiebeln bestreuen. Den Lachs in einen Gefrierbeutel geben. Bei Zimmertemperatur ca. 1 Stunde stehen lassen, bis die Salz-Zucker-Mischung geschmolzen ist.
3. Die Lachsseite auf einem doppelten Bogen Alufolie mit der Hautseite nach unten auf den Grill legen. Den Deckel schließen und bei indirekter Hitze 10 bis 15 Minuten garen, bis die Innentemperatur 54 °C beträgt. Sofort servieren.

GARTENPARTY

Feta-Chili-Creme

Würzige, leckere Creme, die perfekt zu Lachs und auch sehr gut zu gegrilltem Lammfleisch passt.

FÜR 6 PORTIONEN:
150 g Feta
250 g Quark (10 %)
3 EL + 1 EL Olivenöl
1 TL Salz
½ Bund Basilikum
½–1 rote Chilischote

SO WIRD'S GEMACHT:
1. Feta, Quark, 3 EL Öl und Salz mit einer Gabel zerdrücken und vermischen.
2. Das Basilikum hacken. Die Chilischote entkernen und fein hacken. Basilikum und Chili in die Fetamischung einrühren. Mit 1 EL Öl beträufeln.

Sommersalat

Die Blüten machen den Salat sehr hübsch und besonders sommerlich, aber sie sind kein Muss – der Salat schmeckt auch ohne sie lecker!

FÜR 6 PORTIONEN:
150 g Mischsalat
3 reife Nektarinen
1 Bund Radieschen (50 g)
1 Stück Rettich (100 g)
2 EL Olivenöl
2 EL frisch gepresster Zitronensaft
1 TL feines Meersalz
¼ TL frisch gemahlener schwarzer Pfeffer

Zum Garnieren:
evtl. essbare Blumen, z. B. Stiefmütterchen

SO WIRD'S GEMACHT:
1. Den Salat auf einer Platte verteilen. Die Nektarinen entkernen und in Spalten schneiden. Die Radieschen putzen und in dünne Scheiben schneiden, gerne mit einem Gemüsehobel. Den Rettich schälen und in dünne Scheiben schneiden.
2. Nektarinen, Radieschen und Rettich auf dem Salat verteilen. Mit Öl und Zitronensaft beträufeln. Mit Salz und Pfeffer bestreuen und evtl. mit essbaren Blumen garnieren.

Lauwarme Salsa-Verde-Kartoffeln

Die Kartoffeln werden am besten, wenn sie die Vinaigrette einsaugen dürfen, während sie noch lauwarm sind. Falls Sie es eilig haben, können Sie das Dressing mixen und die Kartoffeln vorkochen. Der Salat schmeckt auch kalt.

FÜR 6 PORTIONEN:
1,5 kg neue Kartoffeln
1 große Knoblauchzehe
ca. 20 g Kapern
6 Sardellen
1 Bund Schnittlauch
1 Bund glatte Petersilie
1 Bio-Zitrone
100 ml Olivenöl
2 TL feines Meersalz
¼ TL frisch gemahlener schwarzer Pfeffer
250 g frische oder tiefgefrorene Sojabohnen
150 g Zuckererbsen
70 g Babyspinat

SO WIRD'S GEMACHT:
1. Die Kartoffeln schrubben und in Salzwasser weich kochen. Abtropfen und ausdampfen lassen.
2. Die Knoblauchzehe schälen und fein hacken. Kapern, Sardellen und Kräuter hacken. Die Zitrone gründlich mit lauwarmem Wasser abspülen und die Schale reiben. Alles Gehackte mit Zitronenschale, Zitronensaft, Öl, Salz und Pfeffer vermischen.
3. Die Sojabohnen in leicht gesalzenem Wasser ca. 4 Minuten kochen. 30 Sekunden vor Ende der Kochzeit die Zuckererbsen hinzufügen. Die Bohnen mit kaltem Wasser abschrecken.
4. Die Kartoffeln in kleinere Stücke schneiden. Die lauwarmen Kartoffeln mit Dressing, Bohnen und Spinat vermengen.

Kirsch-Cheesecake

Schokolade und Kirschen sind eine himmlische Kombination.

FÜR 6 PORTIONEN:
75 g Butter
300 g Schoko-Cookies
2 Gelatineblätter
1 Bio-Limette
400 g Frischkäse
60 g Puderzucker
1 EL Amaretto
1 TL Vanillezucker
200 ml Schlagsahne
100 g Kirschmarmelade

Zum Garnieren:
300 g frische Kirschen

SO WIRD'S GEMACHT:
1. Die Butter schmelzen. Die Kekse in eine Küchenmaschine geben und zu Krümeln mixen. Die Butter hinzufügen, dabei weitermixen.
2. Die Mischung in eine mit Backpapier ausgekleidete Springform geben, Ø ca. 24 cm. In den Kühlschrank stellen.
3. Die Gelatineblätter ca. 5 Minuten in kaltem Wasser einweichen.
4. Die Limette gründlich mit lauwarmem Wasser abspülen und die Schale reiben. 1½ EL Saft auspressen. Frischkäse, Limettenschale, Puderzucker, Amaretto und Vanillezucker verquirlen. Die Sahne in einer anderen Schüssel steif schlagen.
5. Die Gelatineblätter herausnehmen und in einem Topf in 1 EL Limettensaft schmelzen lassen. In die Frischkäsemischung einrühren. Anschließend die Sahne einrühren. Die Masse auf den Boden streichen.
6. Die Marmelade mit einem Pürierstab glatt mixen. ½ EL Limettensaft einrühren. Die Marmelade über den Kuchen träufeln und den Cheesecake 2 bis 3 Stunden in den Kühlschrank stellen. Mit Kirschen dekorieren.

Grillabend mit Freunden

„Ich kümmere mich um Getränke und Nachtisch Ihr bringt mit, was ihr grillen wollt." So lautet die Einladung für die Gäste. Entspannt und schön für alle! Schicken Sie am besten auch Grillrezepte und Vorschläge für Beilagen mit. Locken Sie mit Lammspieß mit Rosmarin und Trüffelöl, gegrillter Makrele mit Blütensalat, Backkartoffeln mit Parmaschinken und Tomatensalat.

8 PERSONEN
—

Lammspieß mit Steinpilzen, Rosmarin und Trüffelöl

Gebackene Kartoffeln mit Parmaschinken und Salbei

Mojito mit Limette und Gurke

Makrele mit Rote-Bete-Gelee und Blütensalat

Gebackener Tomatensalat

Mandeltarte mit Melonencreme, Mascarponeschaum und Beeren

Lammspieße mit Steinpilzen, Rosmarin und Trüffelöl

Sie können die Steinpilze auch durch frische Champignons ersetzen.

FÜR 8 PORTIONEN:
900 g Lammaußenfilet
3 Knoblauchzehen
1 Stängel Rosmarin
4 EL Olivenöl
2 EL frisch gepresster Zitronensaft
2 TL Salz
½ TL frisch gemahlener schwarzer Pfeffer
30 g getrocknete Steinpilze
1 TL Trüffelöl
100 g halbgetrocknete Tomaten
Grillspieße

Zum Garnieren:
Rosmarinstängel

Beilagen:
evtl. Crème fraîche, mit geröstetem Knoblauch gewürzt
Grüner Salat

SO WIRD'S GEMACHT:
1. Das Fleisch in ca. 3 cm x 3 cm große Würfel schneiden. Den Knoblauch schälen und fein hacken. Die Blätter von den Rosmarinstängeln zupfen und hacken. Knoblauch, Rosmarin, Öl, Zitronensaft, Salz und Pfeffer vermischen. Das Fleisch in die Marinade legen und ca. 2 Stunden im Kühlschrank stehen lassen.
2. Die Pilze nach Packungsanweisung in Wasser einweichen.
3. Fleisch und Pilze auf kleine, in Wasser eingeweichte Holzspieße stecken. Die Spieße auf jeder Seite ca. 3 Minuten grillen. Mit Trüffelöl beträufeln und mit Tomaten und Rosmarin garnieren. Am besten mit einem Klecks Crème fraîche und Salat servieren.

Gebackene Kartoffeln mit Parmaschinken und Salbei

Ein einfaches Gericht, das sowohl zu Fleisch als auch zu Fisch passt.

FÜR 8 PORTIONEN:
2 kg La-Ratte-Kartoffeln
1 Bund Salbei
20 Scheiben luftgetrockneter Schinken, z. B. Parmaschinken
2 EL Olivenöl
2 TL feines Meersalz

SO WIRD'S GEMACHT:
1. Den Ofen auf 225 °C vorheizen. Die Kartoffeln gründlich in lauwarmem Wasser abschrubben. Auf jede Kartoffel 1 bis 2 Salbeiblätter legen. Den Schinken in breite Streifen schneiden und einen Streifen um jede Kartoffel wickeln. Die Kartoffeln in eine ofenfeste Form legen. Mit Öl beträufeln und mit Salz bestreuen.
2. Die Kartoffeln im unteren Teil des Ofens ca. 40 Minuten garen, bis sie weich sind und der Schinken knusprig ist. Währenddessen ein paar Mal wenden.

Mojito mit Limette und Gurke

Es ist immer schön, die Gäste mit einem erfrischenden Drink willkommen zu heißen. Sie können auch eine alkoholfreie Variante ohne Rum machen.

FÜR 1 DRINK:
6 dünne Gurkenscheiben
5 Minzblätter
4 cl weißer Rum
1 TL frisch gepresster Limettensaft
100 ml Zitronenlimonade
reichlich Eiswürfel

SO WIRD'S GEMACHT:
Gurke und Minze in ein Glas geben. Rum und Limettensaft dazugießen. Die Eiswürfel hinzufügen. Mit Limonade auffüllen und sofort servieren.

GRILLABEND MIT FREUNDEN

Makrele mit Rote-Bete-Gelee und Blütensalat

Dieses Gericht erfordert etwas mehr Planung, ist aber überhaupt nicht schwer zuzubereiten.

FÜR 8 PORTIONEN:
800 g Makrelenfilets
½ TL Salz
¼ TL frisch gemahlener schwarzer Pfeffer
1 EL frisch gepresster Zitronensaft

Rote-Bete-Gelee:
400 g Rote Bete
3 Gelatineblätter
2 EL Rotweinessig
2 EL Zucker
2 schwarze Pfefferkörner
2 Gewürznelken
½ Sternanis

Crème-fraîche-Sauce:
200 g Crème fraîche
3 EL frisch gepresster Zitronensaft
1½ TL Zucker
¾ TL Salz
¼ TL frisch gemahlener schwarzer Pfeffer

Zum Garnieren:
125 gemischte junge Salatblätter
essbare Blumen, z. B. Stiefmütterchen

SO WIRD'S GEMACHT:
1. Die Makrelenfilets mit Salz und Pfeffer würzen. Auf jeder Seite 2 Minuten grillen. Mit Zitronensaft beträufeln und abkühlen lassen.
2. Die Roten Beten unter kaltem Wasser schälen und fein reiben. Durch ein Sieb 100 ml Saft auspressen. Den Saft mit 50 ml Wasser vermischen. Die Gelatineblätter ca. 5 Minuten in kaltem Wasser einweichen.
3. Den Rote-Bete-Saft mit Essig, Zucker und den Gewürzen aufkochen und ca. 2 Minuten köcheln lassen. Die Gelatineblätter herausnehmen und im Saft schmelzen lassen. Den Saft durch ein Sieb in eine kleine mit Frischhaltefolie ausgekleidete Form gießen. Gekühlt ca. 2 Stunden fest werden lassen.
4. Crème fraîche und Zitronensaft fluffig schlagen. Mit Zucker, Salz und Pfeffer abschmecken.
5. Die Makrelen auf Teller legen und Geleestreifen und Salat rundherum verteilen. Mit Blüten garnieren und mit Crème-fraîche-Sauce servieren.

Gebackener Tomatensalat

Süße im Ofen gebackene Tomaten passen perfekt zu den Lammspießen von Seite 143.

FÜR 8 PORTIONEN:
1 kg Kirschtomaten, gerne in verschiedenen Farben
2 Knoblauchzehen
1½ TL Salz
½ TL frisch gemahlener schwarzer Pfeffer
50 ml Olivenöl
2 EL Balsamessig
1 Bund Basilikum

SO WIRD'S GEMACHT:
1. Den Ofen auf 225 °C vorheizen. Die Tomaten in eine ofenfeste Form geben. Den Knoblauch schälen und fein hacken. Die Tomaten mit Knoblauch, Salz und Pfeffer bestreuen und mit Öl beträufeln.
2. Auf mittlerer Schiene ca. 15 Minuten garen, bis die Schale der Tomaten zu platzen beginnt. Mit Essig beträufeln und mit Basilikumblättern bestreuen.

Manteltarte mit Melonencreme, Mascarponeschaum und Beeren

Nehmen Sie eine reife, süße Melone, dann schmeckt die Creme am allerbesten.

FÜR 8 PORTIONEN:
180 g Weizenmehl
55 g Mandelmehl
100 g zimmerwarme Butter
85 g Zucker

Melonencreme:
900 g Wassermelone
55 g Maisstärke
85 g Zucker
1½ EL frisch gepresster Zitronensaft
½ TL Weißweinessig

Mascarponeschaum:
1 Vanillestange
250 g Mascarpone
250 ml Schlagsahne
3 EL Puderzucker

Zum Garnieren:
500 g gemischte Beeren, z. B. Himbeeren, Heidelbeeren, Erdbeeren und Kirschen

SO WIRD'S GEMACHT:

1. Weizenmehl, Mandelmehl, Butter und Zucker vermischen, am besten in einer Küchenmaschine. 1 EL Wasser hinzufügen und zügig zu einem Teig verarbeiten. Den Teig in eine Springform drücken, Ø ca. 26 cm, und ca. 30 Minuten kalt stellen.

2. Den Ofen auf 200 °C vorheizen. Den Tarteboden einstechen. Auf mittlerer Schiene ca. 15 Minuten backen und abkühlen lassen.

3. Die Melone schälen, entkernen und in Stücke schneiden. Mit einem Pürierstab glatt mixen. Melone, Maisstärke, Zucker, Zitronensaft und Essig in einem Topf vermischen. Aufkochen lassen und dann unter Rühren ca. 5 Minuten köcheln lassen. Die Creme abkühlen lassen und dann in den Tarteboden gießen. Im Kühlschrank ca. 3 Stunden abkühlen lassen.

4. Die Vanillestange aufschneiden und das Mark herauskratzen. Vanillemark, Mascarpone, Sahne und Puderzucker mit einem Rührgerät luftig schlagen.

5. Die Beeren auf die Tarte legen und mit Mascarponeschaum servieren.

Rustikales vom Grill

Wir träumen von warmen Sommerabenden mit viel Essen vom Grill und neuen aufregenden Gerichten und Beilagen. Eine gute gegrillte Chorizo, die in Paprikafrischkäse getunkt wird, auch ein Hühnchen mit Sesamkruste sind ein guter Anfang. Nehmen ein schön marmoriertes Stück Entrecôte, würzen Sie es mit Salz und Pfeffer und warten Sie, bis die Kohle perfekt ist, bevor Sie das Fleisch auf den Holzkohlegrill legen. Lassen Sie sich dazu nicht die scharfe Chipotle-Buttersauce entgehen! Auf dem Grill erhitzt schmeckt sie am allerbesten!

6 PERSONEN

—

Gegrillte Chorizo mit geröstetem Paprikafrischkäse

Hühnchen mit Sesamkruste und Sojadip

Gegrilltes Entrecôte mit frittierten Kartoffeln und Chipotle-Buttersauce

Gartenschmaus

Gegrillte Chorizo mit geröstetem Paprikafrischkäse

Falls Sie keine frische Chorizo bekommen, kann sie auch durch normale Chorizo ersetzt werden, die dann nicht so lange gegrillt wird.

FÜR 6 PORTIONEN:
2 Chorizos (à 100 g)

Paprikafrischkäse:
½ rote Paprikaschote
½ rote Chilischote
½ EL Rapsöl
100 g Frischkäse
½ TL Salz
1 Prise frisch gemahlener schwarzer Pfeffer

Zum Garnieren:
frischer Thymian

SO WIRD'S GEMACHT:
1. Den Ofen auf 250 °C vorheizen. Die Wurst auf dem Grill oder in der Grillpfanne rundherum grillen. In Scheiben schneiden und abkühlen lassen.
2. Paprika und Chili halbieren und entkernen. In eine ofenfeste Form legen und mit Öl beträufeln. Auf mittlerer Schiene ca. 15 Minuten garen.
3. Paprika und Chili in einem Gefrierbeutel abkühlen lassen. Die Schale abziehen. Paprika und Chili hacken und mit dem Frischkäse vermengen. Mit Salz und Pfeffer würzen.
4. Den Käse auf den Wurstscheiben verteilen und mit frischem Thymian garnieren.

Hühnchen mit Sesamkruste und Sojadip

Perfekt als Vorspeise oder Snack vor dem Essen zu einem kühlen Bier.

FÜR 6 PORTIONEN:
300 g Hühnerbrustfilet
¼ Zwiebel
1 Knoblauchzehe
1 Brühwürfel
½ TL Salz
¼ TL Chiliflocken
¼ TL frisch gemahlener schwarzer Pfeffer
2 EL Schlagsahne
½ Bund Petersilie

Sojadip:
1 rote Chilischote
150 ml japanische Sojasauce
2 EL Zucker
2 EL frisch gepresster Limettensaft

Panade:
75 g Sesamsaat
30 g Weizenmehl

Zum Braten:
100 ml Rapsöl
50 g Butter

SO WIRD'S GEMACHT:
1. Das Hühnchen zerkleinern. Zwiebel und Knoblauch schälen, klein schneiden.
2. Hühnchen, Zwiebel, Knoblauch, Brühwürfel und Gewürze in einer Küchenmaschine mixen. Die Sahne hinzufügen. Die Petersilie hacken und in die Masse einrühren. Ca. 30 Minuten kalt stellen.
3. Die Chilischote entkernen und in Streifen schneiden. Mit Sojasauce, Zucker, und Limettensaft vermengen.
4. Die Hühnchenfarce zu kleinen runden Frikadellen formen. Sesam und Mehl vermischen. Die Frikadellen in der Sesammischung wenden.
5. Die Frikadellen in einer Pfanne ca. 3 Minuten in Öl und Butter braten. Mit dem Sojadip servieren.

Gegrilltes Entrecôte mit frittierten Kartoffeln und Chipotle-Buttersauce

Die frittierten Kartoffeln passen auch gut zu Fisch und Hühnchen – oder als eigenes einfaches Tapasgericht.

FÜR 6 PORTIONEN:
6 Scheiben Entrecôte (à 150 g)
1 EL Rapsöl
1½ TL Salz
½ TL frisch gemahlener schwarzer Pfeffer

Kartoffeln:
1 kg festkochende Kartoffeln
1,5 l + 2 EL Rapsöl
3 Knoblauchzehen
1 Bund Koriander
1 Bio-Zitrone
1 TL Salz
¼ TL frisch gemahlener schwarzer Pfeffer

Chipotle-Buttersauce:
½ Zwiebel
2 Knoblauchzehen
2 EL Tomatenmark
1 EL Estragon
1 TL fein gehackte, entkernte Chipotle-Chili
50 g + 100 g Butter
150 ml Rinderbrühe
¼ TL Salz

Beilagen:
gegrillte Tomaten
gegrillte frische rote Zwiebel

SO WIRD'S GEMACHT:

1. Zwiebel und Knoblauch schälen und fein hacken. Zwiebel, Tomatenmark, Estragon und Chipotle in einem Topf in 50 g Butter braten. Mit 150 ml Rinderbrühe ablöschen und die Sauce offen ca. 10 Minuten köcheln lassen.

2. 100 g Butter in kleine Würfel schneiden und mit einem Pürierstab in die Sauce mixen. Mit Salz abschmecken.

3. Die Kartoffeln schälen und in ca. 3 cm x 3 cm große Stücke schneiden. Mit kaltem Wasser abspülen. Die Kartoffeln abtropfen und auf einem Geschirrtuch trocknen lassen.

4. Das Fleisch mit Öl bestreichen und mit Salz und Pfeffer würzen. Auf jeder Seite 2 bis 3 Minuten grillen. Vor dem Servieren ca. 5 Minuten ruhen lassen.

5. 1,5 l Öl in einer Fritteuse oder einem großen Topf auf 170 °C erhitzen. Die Kartoffelstücke vorsichtig in das Öl geben und nach und nach 7 bis 10 Minuten frittieren, bis sie goldbraun sind.

6. Den Knoblauch schälen und fein hacken. Den Koriander hacken. Die Zitrone gründlich mit lauwarmem Wasser abspülen und die Schale reiben. Knoblauch, Koriander und Zitronenschale kurz in 2 EL Öl in einer Pfanne anbraten. Den Zitronensaft darübergießen. Die Kartoffeln aus der Fritteuse nehmen und die Zitronenmischung darübergeben. Mit Salz und Pfeffer würzen.

7. Das Fleisch mit Kartoffeln, Sauce und gegrillten Tomaten und Zwiebeln servieren.

Tipp! Chipotle (getrocknete geräucherte Chilischote) kann schwer zu bekommen sein. In diesem Fall können Sie ein paar Tropfen Tabasco mit Chipotle verwenden.

Tipp! Falls Sie sich mit der Temperatur unsicher sind: Wenn Sie in einem normalen Topf frittieren, können Sie ein Stück Weißbrot hineingeben und kontrollieren, ob es innerhalb einer Minute goldbraun wird, oder ein Küchenthermometer verwenden.

Gartenschmaus

Pflücken Sie all die wunderbaren Beeren aus dem Garten und machen Sie eine weiche Mousse daraus. Gut gekühlt servieren.

FÜR 6 PORTIONEN:
300 g rote Stachelbeeren
250 g schwarze Johannisbeeren
2 Gelatineblätter
3 Eigelb
60 g Puderzucker
3 EL Zucker
1 EL Vanillezucker
150 ml Schlagsahne
100 g Joghurt

Zum Garnieren:
Beeren, z. B. rote Johannisbeeren, Himbeeren und Heidelbeeren

SO WIRD'S GEMACHT:
1. Die Beeren durch ein Sieb passieren. Ca. 300 ml Beerenpüree abmessen. Die Gelatineblätter in kaltem Wasser ca. 5 Minuten einweichen.
2. Eigelb, Puderzucker, zucker und Zucker schlagen. Die Sahne schlagen. Das Beerenpüree mit der Eiermasse vermischen und Sahne und Joghurt unterheben.
3. Ein wenig von der Masse in einem Topf schmelzen. Die Gelatineblätter herausnehmen und in der Masse schmelzen lassen. Die warme Mischung in die restliche Masse einrühren.
4. Die Mousse in Dessertschalen geben und ca. 2 Stunden in den Kühlschrank stellen. Mit frischen Beeren garnieren.

RUSTIKALES VOM GRILL

Register

A

Apfel-Melonen-Pitcher *127*

Apfel-Rollen, Garnelen- *87*

Aquavithering *27*

Auberginenmus mit Tomaten, Walnüssen und roten Zwiebeln *112*

Avocadocreme, Lachstatar mit, und Roggencroûtons *75*

Avocadomousse, Baguette mit, und Sesam *11*

B

Bacon-Cheeseburger mit Relish *119*

Baguette mit Avocadomousse und Sesam *11*

Baguette, Gourmet- *75*

Baiser, kleine Walnuss- *23*

Basilikum, Mangojoghurt mit Erdbeeren und *23*

Basilikum-Dip, Räucherlachs-Gurken-Spieße mit Limetten- *87*

Basilikum-Öl, Tomaten und Mozzarella mit Zitronen- *84*

Basmatisalat, würzige Lammspieße mit, und Joghurtsauce *12*

Béarnaise, gegrilltes Entrecôte mit Wurzelgemüse- *52*

Béarnaisesahne, Steak mit *119*

Beerencoupe mit Vanillecreme *106*

Beerendessert, schnelles *32*

Bellini, Erdbeer-, mit Limetten *51*

Biskuits, Mandel-, mit weißer Schokoladencreme und Erdbeeren *55*

Blütensalat, Makrele mit Rote-Bete-Gelee und *144*

Bohnen-Kartoffel-Salat *112*

Brot mit Dill und Parmesan *31*

Brot, gegrilltes mediterranes, *46*

Brot, Rosmarin- *60*

Brot, Walnuss- *94*

Bruschetta mit Spargel und Sardellen *37*

Burger, Bacon-Cheese-, mit Relish *119*

C

Cheddarcreme, gegrillte Miniburger mit, und Bacon *83*

Cheeseburger, Bacon-, mit Relish *119*

Cheesecake, Kirsch- *136*

Chili-Creme, Feta- *136*

Chilikrabben auf Ei *102*

Chipotle-Buttersauce, gegrilltes Entrecôte mit frittierten Kartoffeln und *152*

Chorizo, gegrillte, mit geröstetem Paprikafrischkäse *151*

Crème-fraîche-Sauce *115, 144*

Creme, Beerencoupé mit Vanille- *106*

Creme, Feta-Chili- *136*

Creme, grüne Eier- *51*

Creme, grüne Parmesan- *59*

Creme, Lachstatar mit Avocado-, und Roggencroûtons *75*

Creme, Lachswürfel mit Kräuter- *65*

Creme, Mandeltarte mit Melonen-, Mascarponeschaum und Beeren *147*

Creme, Pfifferling-, geröstetes Fladenbrot mit *128*

Cremige Eier, weißer Spargel mit *45*

Crostini, Sauerteig- *93*

Croûtons, Fladenbrot- *32*

Croûtons, Lachstatar mit Avocadocreme und Roggen- *75*

Crunch, Vanillemousse mit Rhabarberkompott und Mandel- *70*

D

Dip, Hühnchen mit Sesamkruste und Soja- *151*

Dip, neue Kartoffeln mit Feta-Minz- *88*

Dip, neue Kartoffeln mit Maränenkaviar- *27*

Dip, Räucherlachs-Gurken-Spieße mit Limetten-Basilikum- *87*

Dip, Salamichips mit geräuchertem Paprika- *131*

Drink, Pimm's- *19*

Drink, Rhabarber-Limetten-, mit Schuss *11*

Drink, Rosa Prickel- *76*

Drink, Schwarzer Johannisbeer- *37*

E

Eier, weißer Spargel mit cremigen *45*

Eiercreme, grüne *51*

Eier-Kapern-Topping, Finn Crisp mit gepökeltem Lachs und *127*

Eis mit Muscovadosauce *41*

Entrecôte, gegrilltes, mit frittierten Kartoffeln und Chipotle-Buttersauce *152*

Entrecôte, gegrilltes, mit Wurzelgemüse-Béarnaise *52*

Erdbeerbellini mit Limetten *51*

Erdbeeren und Basilikum, Mangojoghurt mit, *23*

Erdbeeren, marinierte, Rhabarbereistorte mit *15*

Erdbeer-Mandeltörtchen, Rhabarbersuppe mit lauwarmen Himbeer- *97*

F

Feta-Chili-Creme *136*

Feta-Minz-Dip, neue Kartoffeln mit, *88*

Fetasalat, süßer gegrillter Lachs mit *45*

Finn Crisp mit gepökeltem Lachs und Eier-Kapern-Topping *127*

Fladenbrot, geröstetes, mit Pfifferlingcreme *128*

Fladenbrotcroûtons *32*

Fleischspieße mit Kräutermarinade *59*

Französisches Gemüsemus *60*

G

Garnelen-Apfel-Rollen *87*

Gartenschmaus *155*

Gärtnerhering *27*

Gebackene Kartoffeln mit Parmaschinken und Salbei *143*

Gebackener Tomatensalat *144*

Gefüllte Grilltomaten *123*

Gegrillte Chorizo mit geröstetem Paprikafrischkäse *151*

Gegrillte Miniburger mit Cheddarcreme und Bacon *83*

Gegrillte Minihotdogs mit Salsa Verde *84*

Gegrillte Tomaten, gefüllte *123*

Gegrillte Zucchinirollen *120*

Gegrillter Zucchini-Mozzarella *37*

Gegrilltes Entrecôte mit frittierten Kartoffeln und Chipotle-Buttersauce *152*

Gegrilltes Entrecôte mit Wurzelgemüse-Béarnaise *52*

Gegrilltes mediterranes Brot *46*

Gemüsemus, französisches *60*

Gemüsesalat mit Zitronenkartoffeln *69*

Gepökelter Lachs, Finn Crisp mit, und Eier-Kapern-Topping *127*

H

Haselnussmousse mit Pfirsich und Erdbeeren 60

Hering, Aquavit- 27

Hering, Gärtner- 27

Hering, Kräuter-, mit Kresse, Schnittlauch und Petersilie 101

Hering, Matjes- mit jungen Möhren und Zwiebeln 51

Hering, Senf-, mit Honig und Dill 101

Hering, Zucker-, mit Tomate und Dill 101

Hering, Zwiebel-Apfel- 102

Himbeer-Erdbeer-Mandeltörtchen, Rhabarbersuppe mit lauwarmem 97

Himbeersemifreddo 46

(Holländische Minipfannkuchen), Poffertjes mit Erdbeeren und leicht geschlagener Sahne 76

Hühnchen mit Sesamkruste mit Sojadip 151

Hühnchen, gepökeltes, mit mariniertem Spargel 66

Hühnchenspieße in Tomatenmarinade 115

J

Joghurt, Mango-, mit Erdbeeren und Basilikum 23

Joghurt, Saibling mit Gurken- 93

Joghurtmarinade, Mozzarella in 135

Joghurtsauce, Rote Bete mit 19

Joghurtsauce, würzige Lammspieße mit Basmatisalat und 12

Johannisbeer-Nektarinen-Pitcher 127

K

Kandierte Zitronen, Krabbenröllchen mit 65

Kapern-Topping, Finn Crisp mit gepökeltem Lachs und Eier- 127

Karamellisierte Kürbiskerne 41

Karamellisierte Zwiebeln und Sardellen, Pizzaschnitten mit 111

Kartoffeln, gebackene, mit Parmaschinken und Salbei 143

Kartoffeln, gegrilltes Entrecôte mit frittierten, und Chipotle-Buttersauce 152

Kartoffeln, gegrillte neue, mit Fenchel und Oliven 38

Kartoffeln, Knoblauch-, mit Feta und Tomaten 59

Kartoffeln, lauwarme Salsa-Verde- 136

Kartoffeln, neue, mit Feta-Minz-Dip 88

Kartoffeln, neue, mit Maränenkaviardip 27

Kartoffeln, Zitronen-, Gemüsesalat mit 69

Kartoffelsalat, Bohnen- 112

Kartoffelscheiben aus dem Ofen 20

Kirsch-Cheesecake 139

Kleine Walnussbaisers 23

Knäckebrot mit Dinkel und Buchweizen 66

Knäckebrot, Sesam- 105

Knoblauchkartoffeln mit Feta und Tomaten 59

Kompott, Vanillemousse mit Rhabarber-, und Mandelcrunch 70

Krabben, Chili- auf Ei 102

Krabbenröllchen mit kandierten Zitronen 65

Kräutercreme, Lachswürfel mit 65

Kräuterhering mit Kresse, Schnittlauch und Petersilie 101

Kräutermarinade, Fleischspieße mit 59

Kürbiskerne, karamellisierte 41

L

Lachs, Finn Crisp mit gepökeltem, und Eier-Kapern-Topping 127

Lachs, leicht gebeizter, gegrillter 135

Lachs, leicht gebeizter, marinierter 106

Lachs, Räucher-, mit Kaperntopping 11

Lachs, Räucher-, mit Meerrettich, Kapern und Zitrone 52

Lachs, süßer gegrillter, mit Fetasalat 45

Lachs-Gurken-Spieße mit Limetten-Basilikum-Dip 87

Lachsseite, leicht gebeizte, mit Holunder 28

Lachstatar mit Avocadocreme und Roggencroûtons 75

Lachswürfel mit Kräutercreme 65

Lamm, Grillspieße mit 123

Lamm, würziges, mit Paprika 20 Lammfilet, mariniertes 38

Lammspieße mit Steinpilzen, Rosmarin und Trüffelöl 143

Lammspieße, würzige, mit Basmatisalat und Joghurtsauce 12

Lauwarme Salsa-Verde-Kartoffeln 136

Leicht gebeizte Lachsseite mit Holunder 28

Leicht gebeizter gegrillter Lachs 135

Leicht gebeizter marinierter Lachs 106

Limetten, Erdbeerbellini mit 51

Limetten-Basilikum-Dip, Räucherlachs-Gurken-Spieße mit 87

Limettenblättersirup, Granatapfelsalat, Melonen-, mit Kokos und 79

Limettendrink, Rhabarber-, mit Schuss 11

Limettensahne, Mandeltorte mit Erdbeeren und 88

Linsenmus, pikantes 19

M

Makrele, mit Rote-Bete-Gelee und Blütensalat 144

Mandelbiskuits mit weißer Schokoladencreme und Erdbeeren 55

Mandelcrunch, Vanillemousse mit Rhabarberkompott und 70

Mandeltarte mit Melonencreme, Mascarponeschaum und Beeren 147

Mandeltörtchen, Rhabarbersuppe mit lauwarmen Erdbeer-Himbeer- 97

Mandeltorte mit Erdbeeren und Limettensahne 88

Mangojoghurt mit Erdbeeren und Basilikum 23

Maränenkaviardip, neue Kartoffeln mit 27

Marinade 15, 20, 38, 59, 66, 106, 115, 135

Marinierte Erdbeeren, Rhabarbereistorte mit 15

Mariniertes Lammfilet 38

Marinierter Spargel, gepökeltes Hühnchen mit 66

Mascarponeschaum, Mandeltarte mit Melonencreme, und Beeren 147

Matjeshering mit jungen Möhren und Zwiebeln 51

Mediterranes Brot, gegrilltes 46

Melonencreme, Mandeltarte mit, Mascarponeschaum und frischen Beeren 147

Melonen-Granatapfel-Salat mit Kokos und Limettenblättersirup 79

Melonen-Pitcher, Apfel- 127

Miniburger, gegrillte, mit Cheddarcreme und Bacon 83

(Minipfannkuchen, Holländische) Poffertjes, mit Erdbeeren und leicht geschlagener Sahne 76

Minihotdogs, gegrillte, mit Salsa Verde 84

Minzdip, neue Kartoffeln mit Feta- 88

Mojito mit Limette und Gurke 143

Mousse, Baguette mit Avocado-, und Sesam 11

Mousse, Haselnuss-, mit Pfirsich und Erdbeeren 60

Mousse, Vanille-, mit Rhabarberkompott und Mandelcrunch 70

Mozzarella in Joghurtmarinade 135

Mozzarella, Tomaten und, mit Zitronen-Basilikum-Öl 84

Mus, Auberginen-, mit Tomaten, Walnüssen und roten Zwiebeln 112

Mus, Französisches Gemüse- 60

Mus, pikantes Linsen- 19

Muscovadosauce, Eis mit 41

N

Nektarinen-Pitcher, Johannisbeer- 127

Neue Kartoffeln mit Feta-Minz-Dip 88

Neue Kartoffeln mit Maränenkaviardip 27

Neue Kartoffeln, geröstete, mit Fenchel und Oliven 38

O

Olivenfüllung, Zucchinistücke mit 131

P

Paprikadip, Salamichips mit geräuchertem 131
Paprikafrischkäse, gegrillte Chorizo mit geröstetem 151
Parmesancreme, grüne 59
Pata Negra, Platte mit, und Beilagen 94
Pfifferlingcreme, geröstetes Fladenbrot mit 128
Pflaumensauce 115
Pikantes Linsenmus 19
Pimm's-Drink 19
Pitcher, Apfel-Melonen- 127
Pitcher, Johannisbeer-Nektarinen- 127
Pitcher, Wassermelonen- 128
Pizzaschnecken 135
Pizzaschnitten mit karamellisierten Zwiebeln und Sardellen 111
Platte mit Pata Negra und Beilagen 94
Poffertjes (Holländische Minipfannkuchen) mit Erdbeeren und leicht geschlagener Sahne 76
Prickeldrink, rosa 76
Prosecco mit Melone 45

R

Räucherlachs mit Kaperntopping 11
Räucherlachs mit Meerrettich, Kapern und Zitrone 52
Räucherlachs-Gurken-Spieße mit Limetten-Basilikum-Dip 87
Relish, Bacon-Cheeseburger mit 119
Rhabarbereistorte mit marinierten Erdbeeren 15
Rhabarberkompott, Vanillemousse mit, und Mandelcrunch 70
Rhabarber-Limetten-Drink mit Schuss 11
Rhabarbersuppe mit lauwarmen Himbeer-Erdbeer-Mandeltörtchen 97
Ribs, Sticky Spare, mit Whisky-barbecuesauce 120
Roastbeefplatte mit Senfvinaigrette 31
Roggencroûtons, Lachstatar mit Avocadocreme und 75
Rosa Prickeldrink 76
Rosésangria 93
Rosmarinbrot 60
Rote Bete mit Joghurtsauce 19
Rote-Bete-Gelee, Makrele mit, und Blütensalat 144

S

Saibling, mit Gurkenjoghurt 93
Salamichips mit geräuchertem Paprikadip 131
Salat, Bohnen-Kartoffel- 112
Salat, gebackener Tomaten- 144
Salat, Makrele mit Rote-Bete-Gelee und Blüten- 144
Salat, Gemüse-, mit Zitronenkartoffeln 69
Salat, Gurken-, mit Ziegenkäse 32
Salat, Sommer- 136
Salat, süßer gegrillter Lachs mit Feta- 45
Salat, würzige Lammspieße mit Basmati-, und Joghurtsauce 12
Salsa Verde, gegrillte Minihotdogs mit 84
Salsa-Verde-Kartoffeln, lauwarme 136
Sangria, Rose- 93
Sauce, Crème-fraîche- 115, 144
Sauce, Eis mit Muscovado- 41
Sauce, gegrilltes Entrecôte mit frittierten Kartoffeln und Chipotle-Butter- 152
Sauce, Pflaumen- 115
Sauce, Rote Bete mit Joghurt- 19
Sauce, Schafkäse-, in Partypaprika 20
Sauce, Sticky Spare Ribs mit Whisky-barbecue- 120
Sauce, würzige Lammspieße mit Basmatisalat und Joghurt- 12
Sauerteigcrostini 93
Schafkäsesauce in Partypaprika 20
Schnelles Beerendessert 32
Schokoladencreme, Mandelbiskuits mit weißer, und Erdbeeren 55
Schuss, Rhabarber-Limetten-Drink mit 11
Schwarzer Johannisbeerdrink 37
Schweinefiletspieße 115
Semifreddo, Himbeer- 46
Senfhering mit Honig und Dill 101
Senfvinaigrette, Roastbeefplatte mit 31
Sesamknäckebrot 105
Sesamkruste, Hühnchen mit, und Sojadip 151
Shots, Tomaten- 111
Sojadip, Hühnchen mit Sesamkruste und 151
Sommersalat 136
Spargel mit Nüssen und Minze 28
Spargel, gepökeltes Hühnchen mit mariniertem 66
Spargel, weißer, mit cremigen Eiern 45
Spargelfladen mit Käse 69
Spieße, Fleisch-, mit Kräutermarinade 59
Spieße, Grill-, mit Lamm 123
Spieße, Hühnchen-, in Tomatenmarinade 115
Spieße, Lamm-, mit Steinpilzen, Rosmarin und Trüffelöl 143
Spieße, Räucherlachs-Gurken-, mit Limetten-Basilikum-Dip 87
Spieße, Schweinefilet- 115
Spinatsalat 12

Steak mit Béarnaisesahne 119
Sticky Spare Ribs mit Whisky-barbecuesauce 120
Suppe, Rhabarber-, mit lauwarmen Himbeer-Erdbeer-Mandeltörtchen 97
Süßer gegrillter Lachs mit Fetasalat 45

T

Tarte, Mandel- mit Melonencreme, Mascarponeschaum und Beeren 147
Tomaten und Mozzarella mit Zitronen-Basilikum-Öl 84
Tomaten, gefüllte Grill- 123
Tomatenmarinade, Hühnchenspieße in 115
Tomatensalat, gebackener 144
Tomatenshots 111
Torte, Mandel-, mit Erdbeeren und Limettensahne 88
Torte, Rhabarbereis-, mit marinierten Erdbeeren 15

V

Vanillecreme, Beerencoupe mit 106
Vanillemousse mit Rhabarberkompott und Mandelcrunch 70
Vinaigrette, Roastbeefplatte mit Honig- 31

W

Walnussbaisers, kleine 23
Walnussbrot 94
Wassermelonenpitcher 128
Weiße Schokoladencreme, Mandelbiskuits mit, und Erdbeeren 55
Weißer Spargel mit cremigen Eiern 45
Whiskybarbecuesauce, Sticky Spare Ribs mit 120
Wurzelgemüse-Béarnaise, gegrilltes Entrecôte mit 52
Würzige Lammspieße mit Basmatisalat und Joghurtsauce 12
Würziges Lamm mit Paprika 20

Z

Zitronen, Krabbenröllchen mit kandierten 65
Zitronen-Basilikum-Öl, Tomaten und Mozzarella mit 84
Zitronenkartoffeln, Gemüsesalat mit 69
Zucchini-Mozzarella, gegrillter 37

IMPRESSUM

Stiftung Warentest
Lützowplatz 11–13
10785 Berlin

Telefon 0 30/26 31-0
Fax 0 30/26 31-25 25

www.test.de
email@stiftung-warentest.de

USt.-IDNr.: DE 1367 25570

VORSTAND:
Hubertus Primus

WEITERE MITGLIEDER DER GESCHÄFTSLEITUNG:
Dr. Holger Brackemann, Daniel Gläser

Alle veröffentlichten Beiträge sind urheberrechtlich geschützt. Die Reproduktion – ganz oder in Teilen – bedarf ungeachtet des Mediums der vorherigen schriftlichen Zustimmung des Verlags. Alle übrigen Rechte bleiben vorbehalten.

PROGRAMMLEITUNG:
Niclas Dewitz

LJUVA SOMMARTID
© Bonnier Tidskrifter, first published by Norstedts, Sweden, in 2013. Published by agreement with Norstedts Agency.
© der deutschsprachigen Ausgabe by Stiftung Warentest, Berlin, 2016

ÜBERSETZUNG:
Julia Gschwilm

PROJEKTLEITUNG/LEKTORAT DER DEUTSCHEN AUSGABE:
Friederike Krickel

LEKTORATSASSISTENZ:
Florian Ringwald

ORIGINALTEXTE:
Ulla Karlström, Cecilia Lundin

REZEPTE:
Berlin, Sophie 75, 75, 76, 76, 79;
Berlin, Sophie und Pettersson, Petra 135, 135, 135, 136, 136, 136, 139;
Fyring Liedgren, Sanna 11, 11, 11, 12, 15;
Hamberg, Emma und Rosvall, Anette 19, 19, 19, 20, 20, 20, 23;
Johansson, Elisabeth und Waldersten, Petra 93, 93, 94, 95, 97;
Landqvist, Malin 27, 27, 27, 28, 28, 31, 32, 37, 37, 37, 38, 38, 41, 107;
Larsson, Mattias 83, 84, 84, 87, 87, 88, 88;
Lundin, Cecilia 127, 127, 127, 128, 128, 131, 131;
Lundin, Cecilia und Karlström, Ulla und von Heland, Gunilla 65, 65, 66, 69, 69, 71;
Nilsson, Tove 46, 50, 50, 51, 52, 52, 54;
Nilsson, Tove und Keith Bodros, Rachel 59, 59, 59, 60, 60, 60;
Rasmusson, Gitte Heidi 119, 119, 120, 120, 123, 123, 143, 143, 143, 144, 144, 147;
Söderström, Lena 111, 112, 112, 115, 115, 115, 115;
Wall, Carina 33, 101, 101, 101, 102, 102, 105, 151, 152, 155;
Zihammou, Maria 45, 45, 45, 46

SATZ DER DEUTSCHEN AUSGABE:
Sascha Galonska

UMSCHLAGBILDER:
Ulrika Pousette

ILLUSTRATIONEN:
Lukas Möllersten/Lyth & Co.

FOTOGRAFIEN:
Blåvarg, Susanna 11, 11, 11, 13, 16;
Drevstam, Charlie 58, 59, 59, 60, 61, 82, 84, 85, 86, 87, 88, 89;
Gran, Carina 44, 45, 45, 47;
Grimsgård, Jenny 51, 51, 52, 53, 55;
Hildén Smith, Eva 18, 19, 21, 22;
Pe, Helen 46;
Pousette, Ulrika 6, 34, 74, 75, 76, 77, 78, 100, 102, 103, 104, 110, 112, 113, 114, 126, 127, 128, 129, 130, 131, 150, 151, 153, 154, 156;
Ranung, Per 93, 93, 94, 96, 134, 135, 136, 137, 138;
Skoglöf, Magnus 64, 65, 66, 67, 68, 69, 70;
Skovdal, Inge 142, 143, 144, 145, 146;
Skovdal & Skovdal 118, 119, 120, 121, 122, 123;
Wåreus, Joel 26, 26, 28, 29, 30, 31, 32, 36, 37, 37, 38, 39, 40, 106

PRODUKTION:
Sascha Galonska

VERLAGSHERSTELLUNG:
Rita Brosius (Ltg.), Susanne Beeh

LITHO:
bildpunkt Druckvorstufen GmbH, Berlin

DRUCK:
optimal media GmbH, Röbel/Müritz

ISBN:
978-3-86851-436-0